LES SUSPECTS EN 1858

ÉTUDE HISTORIQUE

SUR L'APPLICATION

DE

LA LOI DE SURETÉ GÉNÉRALE

10598. — IMPRIMERIE GÉNÉRALE DE CH. LAHURE
Rue de Fleurus, 9, à Paris

LES SUSPECTS EN 1858

ÉTUDE HISTORIQUE

SUR L'APPLICATION

DE

LA LOI DE SURETÉ GÉNÉRALE

Emprisonnements — Transportations

PAR

EUGÈNE TÉNOT

ET

ANTONIN DUBOST

PARIS

ARMAND LE CHEVALIER, ÉDITEUR

61, RUE DE RICHELIEU, 61

1869

TOUS DROITS RÉSERVÉS

LES SUSPECTS EN 1858.

CHAPITRE PREMIER.

INTRODUCTION.

De 1852 à 1858.

Situation intérieure de la France en 1852. — L'Empire. — La nouvelle Constitution. — Le pouvoir absolu. — Abstention des hommes politiques des anciens partis. — Persistance des républicains. — Nécessité d'une diversion. — La question d'Orient. — Alliance anglaise. — La guerre pouvait être évitée. — Sébastopol. — La paix de 1856. — Apogée de l'Empire. — Réveil de l'esprit libéral. — Les élections de 1857.

I

La France avait dit *oui*. Le suffrage universel, interrogé dans les conditions de liberté que l'on connaît, avait confirmé les pouvoirs dictatoriaux saisis dans la nuit du 2 décembre, par le président Louis-Napoléon Bonaparte.

Non-seulement le vote universel avait approuvé qu'on fût *sorti de la légalité pour rentrer dans le droit*, mais il avait applaudi à la parole : « Que les méchants tremblent et que les bons se rassurent. » Du moins, interprétait-on ainsi son verdict. C'est pourquoi, de par le vote, on rangeait dans la catégorie des méchants tous ceux qui s'étaient sottement fait tuer pour la loi, gens pe[u] [pe]rspicaces, qui n'avaient su deviner la souve[rain]e volonté des sept millions et plus : Baudin et Dussoubs, tués aux barricades parisiennes, Martin Bidauré, fusillé deux fois, et Justin Gayol, l'adolescent, fusillé une seule fois, mais efficacement, derrière le mur du cimetière de Lorgues[1]; et tous les autres tombés par centaines au coin des rues, au coin des bois, du boulevard Montmartre aux Rochers de Provence.

Il y a mieux : le peuple en ses comices reconnaissait qu'il avait été *sauvé!* De qui? de lui-même. Mais n'importe, il avait été sauvé ; il le proclamait par ce vote formidable. Que d'autres s'inscrivent en faux, s'ils l'osent, contre la sincérité de ce verdict populaire, nous n'aurons garde de le faire. A chacun sa responsabilité : au peuple, la sienne.

Louis-Napoléon Bonaparte était donc le dépositaire de la volonté des sept millions d'électeurs qui constituaient la grande majorité du peuple français. Sa puissance n'avait pas de limites.

L'armée qui l'avait mis à même de saisir la dictature avant le jugement du peuple et lui avait prêté des arguments irrésistibles pour convaincre les récalcitrants, l'armée était prête à appuyer de ses baïonnettes et de ses canons le vote de la majorité.

---

1. Voir notre livre, *la Province en décembre 1851*, chapitre du Var.

La magistrature, organe et interprète des lois, félicitait le sauveur de la société et, devançant ses désirs, sollicitait le privilége d'appliquer aux défenseurs de la Constitution de 1848, les lois pénales édictées contre ses violateurs.

Le clergé catholique fatiguait le Très-Haut de ses actions de grâce ; l'encens fumait dans les cathédrales, les évêques mitrés, resplendissant sous leurs habits épiscopaux, tenaient à honneur de chanter eux-mêmes le *Te Deum* d'allégresse; ils faisaient flamboyer en lettres de feu, au frontispice de leurs temples, le chiffre triomphal 7,439,216 Oui.

La Bourse était dans la jubilation. Les valeurs montaient, montaient, comme le thermomètre sous les rayons du soleil africain succédant aux fraîches nuits des tropiques. Les loups-cerviers de la finance, subitement délivrés du cauchemar socialiste, sentaient que leur heure était venue.

Les grognards cacochymes qui avaient jadis pleuré *l'autre*, pleuraient encore de tendresse à l'idée du retour de l'aigle sur les drapeaux.

Le boutiquier qui avait rêvé quatre ans guillotine, assignats, maximum, s'épanouissait en songeant que le Prince allait donner l'essor au mouvement commercial.

Le propriétaire campagnard affranchi de la peur *des partageux* jetait un œil serein sur ses guérets, regrettant seulement çà et là, au Var, aux Basses-Alpes, dans l'Hérault, dans l'Allier, dans la Nièvre, etc., que les arrestations en masse eussent fait rares les bras nécessaires pour les travaux agricoles ; ailleurs il jouissait d'une béatitude sans mélange.

Dans le camp même des vaincus, de ceux que la popularité caressait la veille, et que la foule servile abandonnait, quelques-uns se décourageaient, se reniaient; en petit nombre, il est vrai, parmi les républicains, mais on en comptait. Certains rêveurs de transformation sociale se demandaient si le Prince qui écrivit jadis l'*Extinction du paupérisme* n'allait pas user de la dictature pour la ruine de « l'infâme capital ». P.-J. Proudhon taillait la plume avec laquelle il allait écrire la *Révolution sociale démontrée par le coup d'État*, et taxer d'imbécillité les exilés républicains, qui préféraient se faire sur la terre étrangère les protestants du droit que de jurer fidélité au vainqueur de décembre, et devenir ses ministres.

Force militaire formidable, appui moral fourni par le concours formel des uns, par la faiblesse des autres, tout se réunissait, au début de l'année 1852, pour donner à Louis-Napoléon Bonaparte le pouvoir le plus absolu que jamais homme ait exercé sur une grande nation.

II

L'Empire était fait. Nul ne doutait que là ne fût le but si longtemps poursuivi, et enfin atteint par Louis-Napoléon Bonaparte. Pourquoi en retarda-t-il de dix mois la proclamation? On n'en perçoit pas de raison sérieuse. Ce n'est là d'ailleurs qu'un point secondaire. L'Empire commence pour l'histoire au vote du 20 décembre; l'instauration officielle du régime impérial en novembre 1852 n'est qu'une formalité de mince importance.

L'un des premiers actes de la dictature fut le bannissement par décret d'un grand nombre de représentants du peuple, républicains à de rares exceptions près. En même temps fonctionnaient, disposant de la vie, de la liberté et de la fortune des cent mille captifs qui peuplaient les geôles, ces conseils de guerre et *ces commissions mixtes* dont le nom restera marqué d'un sinistre cachet dans l'histoire de notre pays. Dans chaque département, trois hommes : un administrateur, le préfet, presque toujours, un magistrat et un militaire, assis autour d'une table, jugeaient sans procédure, sans audition de témoins, la plupart du temps sans comparution des accusés, en secret, en silence, sans publicité, dans l'ombre, sur des notes de police, sur des rapports administratifs, sur des dénonciations anonymes (pour le public); *ils jugeaient* sans appel, vidaient les prisons, libérant ceux-ci, jetant ceux-là aux marais pestilentiels de Cayenne, d'autres en Afrique, d'autres en exil, en internant d'autres à l'intérieur, en soumettant d'autres à la surveillance des forçats libérés : le tout sans motiver leurs sentences, sans les publier, frappant des hommes dont le crime consistait à avoir obéi à la loi en vigueur le 1er décembre 1851.

Mais ceci était sans doute nécessité par le besoin de « l'ordre »; nous ne nous y appesantirons pas.

Le 22 janvier, un décret de Louis-Napoléon Bonaparte confisqua une portion considérable des biens de la famille d'Orléans. La haute bourgeoisie, qui avait vu sans sourciller les emprisonnements et les fusillades, les confiscations de biens de républicains dans l'Allier et les Basses-Alpes, le dépouillement de leurs charges de plus de deux cents avoués, notaires, huissiers, qui les avaient achetés de leur argent, la haute bourgeoisie, disons-nous, s'émut de cette atteinte à la propriété princière. Dépouiller des *rouges*, des *partageux* c'était bien; mais des reines douairières et des fils de rois, c'était mal.

On vit à cette occasion un spectacle qui mêle une scène de haut comique au drame de 1852. MM. de Morny, Rouher, Fould, Magne donnèrent leur démission de ministres, ne voulant pas être solidaires de la spoliation des princes d'Orléans! M. de Morny, le séduisant dandy, qui avait si gaiement ordonné la mitraillade du

4 décembre, le signataire des circulaires transmises aux commandants de l'état de siége en province[1], M. de Morny se découvrit une conscience lorsqu'il s'agit de contre-signer le décret de confiscation. Peu s'en fallut, dit-on, que Leroy de Saint-Arnaud, ne l'imitât; d'augustes instances le retinrent au ministère de la guerre. Comme bien on doit s'y attendre, la vertueuse indignation de ces coopérateurs du 2 décembre ne dura pas. Sortis par la porte, ils ne tardèrent pas à rentrer par la fenêtre.

Les propriétés de la famille d'Orléans demeurèrent bel et bien confisquées. On en fit un certain nombre de parts : vingt millions aux ouvriers, sous forme de subvention aux sociétés de secours mutuels et de crédit pour l'amélioration des logements ; dix millions à la spéculation financière (crédit foncier), cinq millions au clergé (caisse de retraite des desservants) ; le reste à l'armée par le canal de la dotation de la Légion d'honneur.

Ajoutons, pour en finir avec cet épisode des biens de la famille d'Orléans, que le Corps législatif, dans le huis clos de ses délibérations, vit s'élever quelques critiques à ce sujet. MM. de Montalembert et Audren de Kerdrel se permirent des objections. Un ex-pensionné

---

1. « Tout ce qui résiste doit être fusillé. » — Voir *la Province en décembre* 1851, par Eugéne Ténot.

du *bureau de l'esprit public* sous Louis-Philippe, M. Granier de Cassagnac, leur répliqua, et leur prouva péremptoirement qu'on avait très-bien fait de dépouiller la famille de son ancien maître. Et tout fut dit.

La Constitution nouvelle avait été promulguée sur ces entrefaites. Nous en parlerons tout à l'heure.

C'est vers l'automne de 1852 que Louis-Napoléon Bonaparte entreprit le triomphal voyage dans les départements, à l'issue duquel le nom de République fut effacé de la Constitution nouvelle et l'Empire héréditaire substitué à la présidence décennale.

Le Sénat soumit la chose au peuple, et le peuple, réuni de nouveau dans ses comices, jeta dans l'urne les sept millions et plus de votes fidèles, accrus même d'un certain nombre de nouveaux *oui*.

Louis-Napoléon Bonaparte s'appela l'empereur Napoléon III. C'est ainsi que nous le nommerons désormais.

III

Le moment est venu d'examiner les conditions dans lesquelles il allait exercer le pouvoir. Interrogeons cette constitution, basée sur la souveraineté nationale et les grands principes de 1789, que le vote du 20 décembre lui avait donné mission d'élaborer lui-même[1].

---

1. Le droit de discuter la Constitution dans des écrits non soumis au

Résumons les premiers articles.

L'Empereur règne et gouverne; il est responsable devant le peuple français auquel il a toujours le droit de faire appel.

Ce principe constitutionnel de la responsabilité du souverain est souvent cité et célébré à l'honneur du système impérial, le seul, assure-t-on, qui consacre ainsi la subordination du chef héréditaire de l'État au peuple souverain. Arrêtons-nous-y donc un instant.

La responsabilité d'un chef de gouvernement, à moins de n'être qu'une dérision, implique les conditions générales suivantes : droit de surveiller les actes de ce chef, droit de le juger, droit de le punir. Ce dernier point est essentiel : pas de sanction, pas de responsabilité.

Aux États-Unis, le chef du gouvernement est responsable devant le peuple. Les assemblées, la presse, les meetings populaires exercent sur ses actes une surveillance jalouse. Si son administration a été nuisible aux intérêts

---

timbre, c'est-à-dire dans des livres contenant plus de six feuilles d'impression, a été formellement réservé lors du vote du Sénatus-consulte de 1866. M. Troplong s'exprime en son rapport d'une façon très-catégorique à cet égard. Voir le compte rendu officiel de la séance du Sénat du 12 juillet 1866.

C'est de ce droit d'examen et de discussion que nous allons user. Nous prévenons le lecteur que nous apprécions la Constitution et les lois de 1852, abstraction faite des réformes qu'elles ont pu subir ultérieurement. Nous embrassons la période de 1852 à 1858; mais nous n'allons pas au delà.

du pays, si sa politique a paru blâmable à la majorité de la nation, le peuple lui applique, à l'expiration des quatre années de présidence, la sanction de sa responsabilité, en ne le réélisant pas. Si ce chef responsable ne s'est pas simplement montré incapable ou mauvais politique, s'il a violé les lois, sa responsabilité entre en jeu sur-le-champ. La chambre des représentants le décrète d'accusation; le sénat le juge, le révoque de ses fonctions, s'il est reconnu coupable, sans préjudice des peines de droit commun qui lui sont infligées, si la violation commise est de celles qui seraient punies chez un simple citoyen.

En Angleterre et dans tous les pays de monarchie constitutionnelle, le président du conseil des ministres est le chef responsable du gouvernement. Sa responsabilité devant l'assemblée qui représente le pays est permanente. Elle a pour sanction la chute du ministère, si la majorité se borne à désapprouver la politique suivie; l'accusation devant une cour de justice, si le président du conseil s'est rendu coupable d'une violation flagrante des lois.

Demandons-nous maintenant ce qu'est la responsabilité de l'Empereur devant le peuple français?

L'Empereur ne peut être ni suspendu, ni révoqué, ni remplacé, ni mis en accusation, ni traduit devant un tribunal. Il règne et gouverne sa vie durant; nul ne peut légalement le contraindre à abdiquer; son fils, après lui, et ses petits-fils ou neveux régneront et gouverneront jusqu'à la fin des temps : ainsi le prescrit la Constitution. Les deux seuls modes de sanction possibles de la responsabilité d'un chef d'État, la révocation ou la mise en jugement, ne peuvent donc, selon la Constitution, être appliqués à l'Empereur.

Ainsi, le chef de l'État aurait-il, par des guerres injustes et mal conduites, diminué le pays, versé son sang, gaspillé ses richesses; aurait-il, malgré les prescriptions de la constitution de l'Empire, levé des hommes et des deniers sans le concours du Corps législatif; aurait-il, sans consulter le peuple, supprimé le Sénat, le Corps législatif, le suffrage universel lui-même, nul en France, ni le peuple, ni ses représentants élus n'auraient le droit de provoquer un jugement sur la conduite de l'Empereur responsable.

Nous nous trompons, un homme aurait ce droit, un seul : l'Empereur lui-même! — « *Il peut toujours faire appel au peuple.* »

Cette particularité de la Constitution de 1852 est, à coup sûr, un de ces traits caractéristiques qui en disent plus, à eux seuls, sur une œuvre politique, que ne le feraient des volumes de commentaires. L'Empereur a le droit de s'accuser ! A lui seul, lorsqu'il se sent blâmable, le soin de convoquer le peuple en ses comices et de s'offrir à son verdict! A lui seul il appartient de rechercher la sanction de sa responsabilité !

Ainsi le veut la constitution de 1852.

L'Empereur, sous la seule garantie de cette illusoire responsabilité, déclare la guerre, fait la paix, conclut les traités d'alliance et de *commerce*, les stipulations de ces derniers ayant force de loi touchant les modifications des tarifs douaniers, ce qui livre à la discrétion du pouvoir impérial l'industrie et le commerce de la France. L'Empereur nomme à tous les emplois : il nomme les maréchaux, les généraux, les officiers ; il distribue comme il lui plaît les croix, les titres, les dotations ; il nomme les juges ; il ne peut, il est vrai, les destituer à son gré, mais il dispose en maître de leur avancement ; il nomme les archevêques et les évêques, tient le clergé par le budget des cultes ; il nomme les préfets, les commissaires de police et les maires des villes ; les préfets qu'il a nommés nomment les instituteurs et les maires de village qui, à leur tour, nomment les gardes champêtres. L'Empereur nomme les ministres, *dépendant de lui seul*; concurremment avec les ministres, il nomme les employés de l'ordre administratif, depuis ceux qui émargent trente et quarante mille francs jusqu'à ceux qui touchent cent écus par an; il dispose des grosses charges de finance, les recettes et les trésoreries; il révoque, abaisse ou élève à son gré les titulaires. Les cinq cent mille fonctionnaires ne vivent que par lui, n'ont de sécurité, d'avenir que par lui. L'armée est l'armée de l'Empereur; la flotte, la marine de l'Empereur :

les juges, les magistrats de l'Empereur; les préfets, les préfets de l'Empereur ; les maires, les maires de l'Empereur ; les grandes compagnies financières dont il nomme les directeurs, sont les compagnies de l'Empereur. Sa puissance dans le domaine administratif est sans limites : il choisit, il révoque, il fait et défait, ne rendant de comptes qu'à lui-même.

Il faut examiner à présent si ce pouvoir si étendu, si absolu, a des bornes?

Existe-t-il des institutions pondératrices?

La Constitution en a établi à qui l'on donne ce nom. Examinons-les.

Il y a d'abord le Sénat. Ce grand corps est le *gardien des libertés publiques;* il peut s'opposer à la promulgation des lois; il peut annuler des actes du gouvernement qui lui seraient dénoncés comme inconstitutionnels ; il peut poser les bases de projets de loi d'intérêt général; il peut proposer aussi des modifications à la constitution; il reçoit les pétitions des citoyens.

Pour apprécier sainement la valeur d'un corps politique, il convient de tenir compte de son origine. C'est l'Empereur qui nomme le Sénat; les membres de cette assemblée tiennent de lui leur mandat. Il est vrai toutefois que le sénateur nommé devient inamovible[1]. Examinons maintenant dans quelles conditions le Sénat fonctionne.

1. Art. 20 et 21 de la Constitution.

L'Empereur le convoque, quand il lui convient de le faire ; nul texte constitutionnel ne l'oblige de le réunir à telle ou telle époque ; il le proroge, quand il lui plaît, selon ses convenances ; il fixe la durée des sessions ; aucune limite de temps ne lui est imposée [1].

Nul sénatus-consulte n'a force de loi qu'après avoir été approuvé par l'Empereur [2] ; nulle modification constitutionnelle ne peut être édictée qu'après avoir été, préalablement même au vote définitif du Sénat, acceptée par l'Empereur [3] ; les projets de loi d'intérêt général que le Sénat proposerait sont considérés comme non avenus, si l'Empereur n'en a fait sa chose propre, en consentant à les soumettre au Corps législatif [4] ; quant aux pétitions des citoyens, le Sénat ne peut que les renvoyer aux ministres, ceux-ci n'étant point constitutionnellement obligés de tenir compte de ce renvoi.

En résumé, le Sénat, émanation directe de la volonté impériale, peu propre en raison de cette origine à résister à la volonté de son créateur, est, de plus, constitutionnellement impuissant contre cette volonté.

Faut-il chercher la limite au pouvoir absolu de l'Empereur dans le conseil d'État ? Nul ne saurait y songer. Le conseil d'État, institué par la Constitution de 1852, joue un rôle considérable. Mais le conseil d'État, c'est

---

1. Art. 24 de la Constitution.
2. Art. 28 de la Constitution. — 3. Art. 31 de la Constitution.
4. Art. 30 de la Constitution.

l'Empereur. Il en nomme et il en révoque les membres à son gré; il prend leur avis, mais lui seul décide.

Reste le Corps législatif.

Ici nous sommes, au premier abord, en face d'un pouvoir réel. Voici peut-être la barrière, voici la limite, le contre-poids cherché.

Le Corps législatif représente le peuple; il est élu par le suffrage universel; il vote l'impôt, les emprunts et le contingent militaire; il vote les lois. Il tient les cordons de la bourse; il a l'essentiel, la vraie force. Sommes-nous en face d'une anomalie extraordinaire dans cette Constitution où tout semble calculé pour donner à *un seul* un pouvoir sans limites?

Les députés sont élus par le suffrage universel.

Tous les philosophes politiques, tous les publicistes, tous les hommes d'État des pays libres conviennent qu'il ne saurait y avoir d'élection sérieuse, sincère, valable que sous certaines conditions. Bornons-nous aux plus importantes: la possibilité d'entente, de concert préalable entre les électeurs sur le choix à faire; la liberté du vote qui doit faire prévaloir ce choix.

Pour se concerter, il faut se voir, s'entendre: donc se réunir; il faut pouvoir s'éclairer mutuellement, choisir et pouvoir donner ensuite la publicité au choix que l'on a fait. Ceci est primordial.

Aux termes de la Constitution, les députés devaient

être élus, chacun par une circonscription comprenant en moyenne 35 000 électeurs; si l'on considère que les électeurs sont, dans l'immense majorité des cas, dispersés entre des centaines de villages et de hameaux, éloignés les uns des autres, on se convaincra de l'absolue nécessité de la première de ces conditions, c'est-à-dire de la possibilité d'une entente préalable.

La Constitution et les lois en vigueur en 1852 permettaient-elles cette entente préalable des électeurs[1]?

Toute réunion publique, de quelque nature quelle fût, ne pouvait avoir lieu qu'avec la permission de l'autorité, c'est-à-dire de l'Empereur; toute réunion tenue en l'absence de cette permission était un délit, puni sévèrement; toute association de plus de vingt personnes était soumise aux mêmes conditions prohibitives. De là, impossibilité pour les électeurs de se réunir et de se concerter pour choisir leur mandataire.

La presse qui, dans les sociétés modernes, supplée dans une certaine mesure aux réunions interdites, pouvait-elle discuter librement les candidatures, éclairer les électeurs, leur donner le concours de sa publicité?

Il n'y avait sous l'empire de la Constitution et des lois

---

1. Il est bien entendu que nous ne nous occupons ici que de la situation constitutionnelle du pays depuis 1852 jusqu'en 1858. Nous n'avons pas à tenir compte des réformes qui ont pu survenir plus tard. Notre critique porte sur le passé; nous nous interdisons celle du moment présent.

de 1852 que deux sortes de journaux, les journaux du gouvernement et les journaux tolérés par lui.

L'Empereur autorisait seul la création des journaux ; nul ne pouvait être gérant ou rédacteur en chef d'une feuille sans son agrément. D'autre part, il avait le droit de frapper les journaux, de les suspendre et de les *supprimer*, sans jugement, sans discussion, discrétionnairement[1]. La presse était donc, au point de vue électoral, comme n'existant pas, sauf toujours les cas de tolérance.

Ce n'est pas tout. L'Empereur prenait la précaution de proposer lui-même au peuple ses candidats ; il lui indiquait les choix qu'il aurait à faire. La multitude des fonctionnaires nommés par l'Empereur ou par ses agents étaient tenus de se mettre en campagne pour déterminer le peuple à élire les candidats de l'Empereur.

Qu'arrivait-il ? L'inévitable dans de telles conditions : le peuple nommait ceux que l'Empereur avait choisis, ceux que lui recommandaient, en son nom, les préfets, les maires, les commissaires de police, les brigadiers, les gendarmes, les gardes champêtres, les juges de paix, les percepteurs, les instituteurs, les cantonniers, souvent aussi les curés.

Dans quelques grands centres de population, bien rares, les citoyens, agglomérés en très-grand nombre

---

[1]. Décret organique du 17 février 1852, concernant la presse périodique.

sur un faible espace, soustraits par cela même, à la constante pression des agents du pouvoir, réussissaient parfois à s'entendre ; et si les journaux tolérés n'étaient pas empêchés de recommander les noms des candidats opposés aux élus de l'Empereur, quelques nominations indépendantes pouvaient avoir lieu, exceptions qui ne faisaient que confirmer la règle.

On ne peut s'empêcher de reconnaître qu'un Corps législatif nommé de la sorte ne pouvait guère être rien de plus qu'une sorte d'émanation de l'Empereur.

Il semble que les prérogatives les plus considérables confiées à une telle asssemblée n'eussent offert aucun danger au pouvoir absolu.

La constitution n'en accumulait pas moins les précautions contre cette ombre de représentation populaire.

L'Empereur convoquait la Chambre quand il lui plaisait, l'ajournait, la dissolvait ou la prorogeait de même [1] ; il nommait son président et ses vice-présidents [2]; il faisait son règlement intérieur ; il avait *seul* l'initiative des lois [3]; la Chambre, fût-elle unanime, n'avait pas même le droit de le prier humblement de proposer telle ou telle loi, désirée par le pays; de même l'Empereur dressait seul le budget, par son conseil d'État ; la Chambre ne pouvait que le voter ou le repousser ; il lui était for-

---

1. Art. 46 de la Constitution. — 2. Art. 43 de la Constitution. — 3. Art. 8 de la Constitution.

mellement interdit d'y rien ajouter, d'en rien retrancher, d'y apporter le moindre amendement, sans la permission préalable du conseil d'État, c'est-à-dire de l'Empereur. De même pour toutes les lois[1].

Quant à la politique générale, à la paix ou à la guerre, au régime intérieur, aux droits des citoyens, aux libertés absentes, aux réformes demandées, il lui était interdit de s'en occuper : sorte de chambre d'enregistrement dont tout le pouvoir consistait à refuser !

Ce droit sans doute était considérable, et une Chambre indépendante et ferme eût pu s'en servir avec efficacité pour reconquérir les libertés du pays ; mais le système d'élections que nous avons exposé y avait mis bon ordre. Par surcroît de précautions, le public n'était initié aux mélancoliques débats de cette Chambre que par un compte rendu sommaire, un procès-verbal écourté, décoloré, réduit, le seul qu'il fût permis de publier[2].

C'est ainsi que la constitution de 1852 organisait, avec une rare perfection, un pouvoir en apparence représentatif, démocratique même, mais en réalité aussi absolu que l'avait été celui du premier Bonaparte.

1. Art. 40 de la Constitution.
2. Art. 42 de la Constitution.

IV

Tout paraissait sourire aux débuts du règne de Napoléon III.

Il semblait que les douze mois de dictature que l'on venait de traverser eussent suffi pour changer l'âme de la France.

Après plus de trente années de gouvernement parlementaire, plus de trente années pendant lesquelles la presse et la tribune avaient retenti de paroles libres, pendant lesquelles les affaires du pays avaient été discutées au grand jour, ceux qui le gouvernaient soumis à une surveillance inquiète, à une permanente censure, pendant lesquelles cette nation, réputée si mobile, avait pu varier dans l'expression de ses sentiments et de ses passions, mais avait entouré d'un amour constant et jaloux sa liberté politique ; après ces longues années de virilité, elle semblait s'abandonner, lasse de bruit, fatiguée d'agir, affamée de repos, entre les bras du pouvoir absolu.

Non-seulement près de huit millions d'électeurs avaient jeté dans l'urne du plébiscite leur muette approbation, mais tous ceux qui avaient licence d'élever la voix, — et beaucoup de ceux-là eussent été libres de se taire, — célébraient l'ère nouvelle, l'ère de l'ordre, de la discipline, de la vie tranquille, molle, sûre, sous l'égide d'un pouvoir paternel, armé pour rassurer les bons et faire trembler les méchants. Nulle voix discordante ne troublait ce concert. D'où serait-elle venue? Du dehors? La frontière était bien gardée. De l'intérieur? Ceux qui n'approuvaient pas s'absorbaient dans le labeur physique ou intellectuel et s'enveloppaient de silence.

Le peuple des villes, si ardemment républicain naguère, désenchanté, découragé, tombé du haut de ses illusions, de ses rêves de transformation sociale, se repliait sur lui-même. La masse peu instruite, sans convictions arrêtées, celle qui flotte, qu'on entraîne, qui devient houleuse quand le vent souffle, mais retombe inerte avec le vent, celle-là, la plus nombreuse dans la population ouvrière des villes, répudiait la politique, oubliait, se faisait indifférente à tout, sauf au salaire. Paris, transformé par les percements et les démolitions en un gigantesque atelier national, voyait les salaires hausser, le travail abonder. Beaucoup donc se laissaient enrégimenter en corporations pour faire la haie sur le passage du nouvel Empereur. On les vit à la rentrée du voyage départemental; on les vit à la proclamation officielle de l'Empire; ils étaient là sans enthousiasme, sans joie comme sans tristesse, indifférents, insouciants. Foule passive, dont la présence suppléait au cri : *Ave, Cæsar!* Les autres, — et que cette justice leur soit rendue, — nombreux parmi les ouvriers parisiens, regardaient tristement, sombres et soucieux, passer les pompes triomphales.

Les paysans que la révolution de Février avait si profondément ébranlés, qui, dans tant de provinces, étaient sortis de leur apathie normale pour embrasser la foi républicaine, qui, dans vingt départements, avaient répondu au tocsin de décembre, prenant la fourche et la faux, chargeant le fusil de chasse, pour défendre la loi, les paysans avaient été brusquement rejetés dans leur sillon traditionnel. L'état de siége, les fusillades, les arrestations, l'exil, Cayenne et Lambessa les avaient frappés d'un indicible effroi. On leur avait tant dit, depuis dix mois, que ces républicains dont ils avaient écouté la voix, n'étaient qu'un ramassis d'ambitieux, d'hommes avides, abusant de leur naïveté pour satisfaire leurs appétits de pouvoir et de richesses, que beaucoup avaient fini par le croire.

Ailleurs, dans les campagnes où la réaction avait toujours gardé la prépondérance, il y avait de l'enthousiasme; il y avait la joie des dévots à la redingote grise et au petit chapeau, des adorateurs du grand Napoléon, des effarés du croque-mitaine rouge qui s'épanouissaient en pensant qu'un Bonaparte les avait sauvés. Beaucoup, fins calculateurs, se félicitaient de l'économie réalisée par le licenciement des 750 représentants à 25 francs par jour. Malheur à qui eût osé leur faire remarquer que l'Empereur touchait, à lui seul, trois fois et demi autant, par jour, que les 750 représentants à la fois; sans préjudice des sénateurs à 82 francs 19 centimes par jour, des conseillers d'État à 68 francs et des députés à 30 francs!

Le paysan, d'ailleurs, absorbé par son labeur, n'aimant guère que la terre, ne lisant pas, n'ayant connu la liberté politique qu'au milieu d'un orage, façonné de longue date au pouvoir d'un seul, le roi, l'empereur, maître et père, providence des petits; le paysan devait naturellement trouver tout pour le mieux.

La bourgeoisie, dans sa grande majorité, s'épanouissait. Une noble et vaillante élite, hâtons-nous de le dire, honorait, par sa dignité, par sa muette résistance, par la protestation de son silence, par ses regrets, par ses amertumes, la cause de la liberté dont elle pleurait la perte dont elle espérait le retour. Mais la masse conservatrice se jetait sur les places, les gros traitements, les honneurs, les monopoles lucratifs! Légitimistes à peine revenus du pèlerinage de Frosdhorff; satisfaits, conservateurs-bornes du régime de Juillet; libéraux de la même date; républicains farouches de mars 1848; honnêtes et modérés de 1849 : tous se précipitaient à l'envi, tendant la main, courbant l'échine, reniant ce qu'ils avaient béni, adorant ce qu'ils avaient insulté.

Tel chef de la gauche parlementaire sous Louis-Philippe se fit l'apologiste du pouvoir absolu, bafoua le système constitutionnel dont il avait été naguère l'un des plus bruyants champions, et se fit, par ce moyen, des appointements de 150 à 200 mille livres ; tel signataire du décret de déchéance, rendu le 2 décembre à la mairie du dixième arrondissement, accepta la mission de reviser la besogne des commissions mixtes et de contresigner les ordres de proscription, moyennant quoi il alla s'asseoir au Sénat, muni de 30 000 fr. par an.

Ce fut aussi l'heure des grandes affaires. La bourgeoisie conservatrice se rua vers les coulisses de la Bourse avec non moins de frénésie que vers les antichambres ministérielles. On créa, sous prétexte de crédit, de gigantesques maisons de jeu, avec privilége du gouvernement. L'art de soustraire les écus de l'épargne des bonnes gens, de les y remplacer par des chiffons de papier représentant de fantastiques valeurs, fut élevé à la hauteur d'une institution.

Alors commença la danse des millions.

Dans ces jours dorés du commencement du règne de Napoléon III, les catastrophes financières n'avaient pas encore dessillé les yeux des plus aveugles; de cruelles leçons n'avaient pas encore appris la méfiance aux naïfs; les capitalistes, affranchis de la peur de 1852, voyaient tout couleur de rose : le pouvoir absolu, c'était pour eux la paix, la garantie des intérêts matériels, la force veillant sur la caisse où allait s'emmagasiner la récolte des millions. Aussi allaient-ils grand train. Pas de société qui ne trouvât de candides actionnaires; pas d'habile homme qui ne lançât sa petite société.

La France était riche. Trente années de paix, de liberté féconde, de gouvernement étroitement surveillé, avaient accumulé les épargnes. On les amorça; elles mordirent.

Quel beau temps! quel épanouissement! On en vit débuter avec quelques centaines d'écus empruntés, et donner peu après des millions en dot à leurs filles. La fièvre de la spéculation, de l'enrichissement à tout prix, fut contagieuse. La bourgeoisie acheva d'oublier, dans ce vertige, le souci de la liberté qui avait fait la gloire de ses pères.

Quelle tentation d'ailleurs que le spectacle de ces fortunes rapides, improvisées en quelques mois! Tout Paris avait vu certain personnage politique, plus connu avant le 2 décembre des huissiers que des agents de change, acheter peu après l'événement une terre d'un demi-million sur ses économies.

Les membres du gouvernement provisoire de la République avaient quitté le pouvoir moins riches qu'en le prenant. MM. de Morny, Magnan, Saint-Arnaud et autres, insolvables sous la République, étaient déjà riches au jour de la proclamation de l'Empire.

En même temps que la fureur de l'enrichissement à tout prix, la soif des jouissances matérielles, du luxe, des plaisirs sensuels, suivaient une effrayante progression. Le monde interlope des courtisanes débordait dans la société parisienne. Le théâtre et le roman en faisaient leurs héroïnes.

La grande cité, dépouillée de sa couronne de penseurs, de poëtes, d'orateurs, de libres écrivains, d'hommes d'État intègres qui avaient fait de Paris la capitale de l'idée, était en train de se transformer en une hôtellerie banale, rendez-vous de plaisir de l'aristocratie opulente et débauchée des deux mondes. La démoralisation gagnait les couches profondes.

Le peuple oubliait les chants patriotiques pour des refrains grivois; le journal disparu était remplacé par le cabaret; le club par le bal public.

Ce n'était d'ailleurs que fêtes, bals, jouissances. Fêtes à l'Ecole militaire, fêtes à Saint-Cloud, chasses à Compiègne ou à Fontainebleau. Les grands corps de l'Etat rivalisaient d'ostentation. Le bal du Corps législatif fut la principale affaire de la session de 1853. Les galas de l'hôtel de ville sont demeurés mémorables. Le préfet de la Seine, M. Berger, député libéral sous Louis-Philippe, héros de février, maire des barricades, en était l'ordonnateur.

Le mariage de l'Empereur avec une femme élégante, jeune et belle, allait donner bientôt une nouvelle impulsion à cette fièvre de luxe, de parades, de jouissances.

Ce mariage, célébré le 29 janvier 1853, fut pendant quelque temps l'unique préoccupation de la société française. L'étonnement qu'il excita, la curiosité qu'il éveilla furent extrêmes. Ni la famille, ni la personne de Mlle Eugénie de Montijo n'étaient connues en France, en dehors du petit nombre de riches désœuvrés qui fréquentaient les villes d'eaux. Bien qu'elle appartînt à une maison de la grandesse Espagnole, que sa mère eût été *camerera mayor* de la reine Isabelle, son élévation au trône de France n'en paraissait pas moins un de ces coups de fortune si étranges, si invraisemblables, une de ces impossibilités comme on en voyait tant depuis le 2 décembre, et qui faisaient parfois douter de la réalité des événements qui se déroulaient sous les yeux des contemporains.

Les fêtes du mariage eurent toutefois un épisode que nous n'aurons garde d'oublier. Le *Moniteur* publia, à cette occasion, les noms de près de *cinq mille* transportés républicains qui étaient autorisés à rentrer dans leurs foyers[1].

L'organisation de la cour, le rétablissement de l'étiquette, le règlement du cérémonial tinrent une grande place dans les préoccupations gouvernementales. Il y eut grande distribution de charges, de décorations et d'appointements.

On se montra modeste, coulant, dans le choix des titulaires, mais imposant dans le choix des titres. Il y eut un grand maréchal du palais; un grand

1. Un grand nombre de ces amnistiés étaient morts depuis plusieurs mois.

écuyer; un grand veneur; un grand chambellan ; une foule de chambellans ordinaires; un grand maître des cérémonies, etc., etc. A la place des grands noms de l'ancienne cour, de la vieille noblesse, des fils des croisés qui acceptaient sans déchoir les fonctions de haute domesticité à la cour de Versailles, on eut des princes, ducs, comtes, de fraîche date, mais fort brillants. Morny, dont l'état civil fut une énigme, Fialin, plus tard de Persigny, Le Roy, dont le nom s'allonge de celui de Saint-Arnaud, *de* Maupas, Bacciocchi et tant d'autres, tinrent lieu des Montmorency, des Noailles, des Rohan, des Larochefoucauld, des Richelieu, etc., etc.... Cette cour, où la question de la culotte courte et de l'habit brodé, substitués au pantalon et au frac noir, fournit dès le début un grave sujet de préoccupation ; cette cour, disons-nous, ne ruinait pas ses dignitaires, comme le fit plus d'une fois la vieille cour de Versailles. Les comtes du nouvel empire ne couraient nul risque d'y manger leurs prés et bois, pour mille raisons, la plupart.

On se vengeait amplement de la ladrerie parlementaire et de la parcimonie républicaine. La liste civile de l'empereur avait été fixée à 25 millions par an, non compris les revenus des forêts de la couronne. Les hauts fonctionnaires avaient été traités en proportion. Le cumul était devenu la règle. M. de Saint-Arnaud, par exemple, touchait 130 000 francs comme ministre, 100 000 comme grand écuyer, 40 000 comme maréchal de France, 30 000 comme sénateur, ce qui constituait au besoigneux colonel que l'Algérie avait connu quelques années à peine avant cette heure dorée, un léger traitement de 300 000 francs par an.

V

Un horizon serein paraissait donc s'ouvrir devant le deuxième empire, au printemps de 1853. Le calme était profond; l'adhésion des masses n'était point douteuse; les partis vaincus, atterrés, donnaient à peine signe de vie; l'harmonie régnait entre les grands corps de l'État; quelques susceptibilités d'étiquette, quelques querelles de préséance avaient à peine troublé cette paix majestueuse. La France semblait supporter le pouvoir absolu comme si jamais elle n'en eût connu d'autre. Cependant il semble que certains personnages haut placés par le pouvoir nouveau ne fussent pas moins obsédés de secrètes appréhensions. On trouve dans l'examen des choses de ce temps plus d'un indice de ces préoccupations. On devine, par exemple, ces soucis à l'impatience, à l'irritation fébrile que causait aux hauts fonctionnaires de l'empire le rappel, même fortuit, des souvenirs importuns des temps de liberté. Il est tel procès politique[1]

---

1. Voir, entre autres, le compte rendu du procès pour le complot de l'Opéra-Comique, en 1853.

de ces débuts du règne où l'évocation seule du nom de république, l'allusion la plus timide aux déportations sommaires, aux illégalités du coup d'État, le titre de représentant du peuple rappelé avec respect, suffisaient pour mettre hors d'eux-mêmes président et procureur général et les faire se livrer aux plus singuliers éclats de colère, aux menaces les plus emportées. Rien n'est plus significatif que la fréquence de ces violentes invectives à la république, au parti républicain, au gouvernement parlementaire, invectives dont l'expression se rencontre dans la plupart des manifestes officiels de l'époque.

Plus d'un parmi ces dignitaires fraîchement investis rappelaient le parvenu subitement enrichi, qui appréhende sans cesse qu'un nouveau coup de la fortune ne le vienne rejeter dans la primitive indigence.

La situation politique justifiait-elle ces doutes sur la solidité de l'établissement impérial ? Un examen attentif des choses nous permettra peut-être de répondre.

Malgré l'affaissement de l'esprit public, malgré la prostration générale, des indices sérieux laissaient croire que la France libérale, la France révolutionnaire n'était pas morte, et qu'à moins d'événements nouveaux, il faudrait bientôt compter avec elle. Un fait grave, d'une gravité qui ne saurait être exagérée, frappait d'abord les esprits observateurs. L'élite intellectuelle du pays, tous les hommes de grand talent et de grand cœur, tous ceux qui s'étaient acquis un nom glorieux ou respecté, se tenaient à l'écart, se montraient réfractaires à l'empire. Savants, artistes, poëtes, historiens, professeurs, hommes d'État, orateurs, soldats même, tous ceux que la France était accoutumée depuis trente années à regarder comme ses guides, qu'ils fussent du parti du mouvement ou de celui de la résistance, tous, à d'inappréciables exceptions près, protestaient contre le nouveau régime, ou se renfermaient à son égard dans une dédaigneuse abstention. Il y avait là une force morale qui échappait aux vainqueurs du 2 décembre.

On avait dû improviser une cour, une noblesse, des dignitaires avec d'anciens sous-officiers, des gentilshommes d'occasion, des gens d'affaires, des avocats de quatrième ordre. Pas un nom de quelque autorité. Dans les hautes fonctions politiques, même pénurie. Thiers, Guizot, Odilon Barrot, Tocqueville, Molé, Dufaure, L. Faucher, Rémusat, etc., les chefs, les inspirateurs des classes riches et conservatrices, attendaient dans la retraite l'inévitable réveil de l'esprit libéral au sein de la haute bourgeoisie. Nul d'entre eux ne s'était rallié. Le nouvel empire était forcé de se rabattre sur MM. Billault, Baroche, Rouher. M. Billault, l'un des lieutenants d'Odilon Barrot, converti au pouvoir absolu, après être passé par le républicanisme avancé, le socialisme et le droit au travail, discrédité par ses palinodies, esprit médiocre, embarrassé de son nouveau rôle, peut-être honteux de lui-même ; M. Baroche, également entré dans la vie politique sous les auspices de l'ancien chef de la gauche parlementaire de la monarchie de Juillet, orateur vulgaire, caractère souple, sans élévation, expert à tout rabaisser à son niveau ; M. Rouher, une des médiocrités qui se rencontraient en grand nombre sur les bancs de la droite réactionnaire de l'Assemblée constituante, n'ayant encore joué qu'un rôle subalterne, orateur verbeux, plaidant le pour et le contre, agile sous son apparente lourdeur. Il avait protesté avec quelque apparat contre la confiscation des biens de la famille d'Orléans, ce qui ne l'avait pas empêché de prendre, quinze jours après, la direction d'une section du conseil d'État. Petits hommes, petits caractères et petits talents, comparés à ceux que la France avait l'habitude de voir à la tête de ses affaires.

L'empire avait pour poëtes MM. Belmontet et Méry, celui-ci avachi, tombé. Les grandes illustrations poétiques du siècle étaient ailleurs. Lamartine, Musset, Béranger se taisaient. Victor Hugo écrivait en exil ses immortels *Châtiments*.

Les historiens, les Michelet, les Guizot, les Thiers, les Martin, les Villemain, les Louis Blanc étaient tous dans le camp des vaincus. Dans ce camp aussi, les orateurs : ceux déjà nommés et les Berryer, les Jules Favre, les Crémieux, les Michel (de Bourges), les Ledru-Rollin, et ceux aussi qui brillaient aux derniers jours de l'Assemblée législative, jeunesse qui promettait un renouveau de l'éloquence Bancel, Dufraisse, Duprat, Chauffour, etc.

Les glorieux chefs de notre armée d'Afrique, Bedeau, Lamoricière, Cavaignac, Changarnier, Charras, avaient vu briser leur épée. On était réduit à faire des maréchaux avec les vainqueurs du boulevard Montmartre.

Combien encore de noms illustres ou respectés parmi les protestants du nouvel Empire! Arago, Lamennais, Quinet, Lacordaire, Dupont (de l'Eure), et tant d'autres que nous pourrions nommer.

Certes, l'opposition de tels hommes devait être pour le gouvernement impérial un motif de grave souci. Si la situation se prolongeait, si nulle diversion n'intervenait, le sentiment de folle terreur auquel avait cédé la majeure partie de la classe moyenne irait se dissipant; le sang-froid reviendrait. La bourgeoisie réfléchirait, examinerait, verrait. Nul doute qu'elle ne revînt bientôt à ses traditions libérales, qu'elle ne s'inspirât encore de ces hommes qu'elle avait considérés comme ses chefs naturels. Les intérêts matériels même, si violemment surexcités, n'auraient pu tarder à reconnaître que le pouvoir absolu ne leur donne qu'une illusoire sécurité. L'armée enfin, l'armée par laquelle on avait fait le coup d'État et l'Empire, l'armée n'aurait peut-être pas supporté une prolongation indéfinie de la situation, telle qu'elle se présentait au printemps de 1853. A mesure que se dissipaient les fumées de l'ivresse du succès, tous ceux qui conservaient quelque fierté d'âme — et ils étaient nombreux dans cette armée — souffraient du rôle qui leur était échu depuis la nuit du 2 décembre. Ils rêvaient d'autres lauriers que ceux de la campagne à l'intérieur; ils voulaient se grandir à leurs propres yeux, aux yeux de leurs concitoyens. Ce n'était pas pour se consumer dans les loisirs des villes de garnison, pour parader, pour convoyer de malheureux proscrits qu'ils avaient élevé un Bonaparte sur le pavois impérial. Il eût été dangereux de les laisser longtemps dans l'inaction.

L'Europe, d'autre part, n'avait pas vu sans répugnance l'avénement de l'empire. Elle se montrait soupçonneuse, profondément méfiante. Napoléon III, reconnu d'assez mauvaise grâce, demeurait isolé. Des princes de quatrième ordre, le prince Wasa, fils du roi de Suède, le prince de Hohenzollern, parent du roi de Prusse, avaient refusé à l'Empereur, quelques mois avant son mariage avec Mlle de Montijo, la main de leurs filles, refus d'autant plus significatif que ces princesses étaient petites-filles de la duchesse de Bade, cousine de Napoléon III.

VI

Mais, à ces motifs d'insécurité pour l'établissement impérial s'en joignait un autre plus puissant à lui seul que tous ceux dont nous venons de parler. C'était l'attitude du parti républicain.

Les républicains avaient été vaincus, proscrits, décimés, découragés, momentanément atterrés, mais ils n'en demeuraient pas moins indomptablement attachés à leurs convictions, à leurs invincibles espérances. Disons-le bien haut, à leur éternel honneur : cette chute profonde avait pu les briser, mais non les avilir.

Aux débuts du premier empire, en 1804, les Jacobins affluèrent dans les antichambres impériales; les débris de la Convention et des Conseils encombrèrent le Sénat, les corps constitués; occupèrent les préfectures, les siéges judiciaires; s'inclinèrent devant le nouveau César. Un trop petit nombre gardèrent intacte leur foi politique. Si bien, qu'alors, le parti républicain mourut pour ainsi dire avec la République; que, vingt années durant, il n'exista plus guère qu'à l'état de souvenir.

Combien différente fut l'histoire du moderne parti républicain, après le 2 décembre!

Sur deux cents à deux cent vingt représentants que ce parti comptait à la Législative, l'Empire put à peine en rallier deux ou trois, des plus obscurs. Pas un homme marquant qui ne demeurât fidèle à la cause vaincue. Dans ce qu'on peut nommer les cadres du parti, même fermeté. On compta facilement les transfuges. Dans les classes moyennes, une généreuse élite gardait pieusement le culte de la liberté républicaine : ceux que la proscription avait épargnés, aussi bien que ceux qu'elle avait frappés. La plupart, sans doute, s'étaient réfugiés au sein du foyer domestique, s'isolant, s'absorbant dans leurs travaux, propriétaires, industriels, avocats, médecins, commerçants, professeurs ; mais tous refusaient obstinément de se renier. La popularité les avait abandonnés ; mais que fallait-il pour qu'elle leur revînt? Peu de chose chez ce peuple impressionnable et mobile : un accident, une occasion. Ce pays est de ceux qui paraissent parfois tomber le plus bas, mais nul ne possède mieux que lui le don de se redresser brusquement.

Parmi les ouvriers des villes, nous l'avons déjà dit, un grand nombre, des centaines de mille hommes, refusaient d'oublier. Parfois des incidents significatifs révélaient cet état de choses. A Paris, à Lyon, en 1852, malgré l'abstention recommandée par les chefs de parti, le peuple avait nommé des républicains qui ne voulurent point prêter le serment[1]. Dans les campagnes même, partout où la déportation avait fait son œuvre, malgré

---

1. MM. Carnot, Cavaignac, Goudchaux, à Paris ; M. Hénon, à Lyon.

la protestation générale, l'universel silence, l'universelle terreur, la semence républicaine jetée par 1848 se conservait profondément enfouie, mais intacte. N'avons-nous pas vu de nos jours ce même parti se retrouver, après 17 années d'empire, plus nombreux que jamais, et gardant encore saignante la plaie du 2 décembre ?

Dans les premiers mois de 1853, les républicains à Paris et dans quelques autres grandes villes, semblaient commencer à secouer la léthargie de l'année précédente. Quelques hommes inaccessibles au découragement, tentaient sourdement de rallier les membres épars du parti. On percevait un commencement d'agitation intérieure. Malgré l'inquiète surveillance de la police, malgré ses innombrables agents, les brûlantes satires de Victor Hugo entraient par toutes les frontières, circulaient de main en main. Les bruits les plus étranges se répandaient parfois avec une prodigieuse rapidité et étaient avidement accueillis. En présence de l'asservissement de la presse, les démentis que le gouvernement faisait donner à quelques-uns de ces bruits, n'excitaient que des sourires d'incrédulité. Il est encore aujourd'hui telle rumeur, qui fit secrètement en ce temps-là le tour de la France et qu'on ne sait encore s'il faut ranger parmi les légendes, fruit de la haine des vaincus.

Une véritable conspiration qui paraît avoir eu des proportions sérieuses, s'organisait à Paris. Un groupe d'hommes déterminés avaient résolu de donner le signal de l'insurrection, en attaquant à main armée la voiture de l'Empereur. Ce complot échoua, comme tant d'autres. Il est connu sous le nom d'*Affaire de l'Opéra-Comique*. De rigoureuses condamnations furent prononcées à cette occasion.

VII

En résumé, l'abstention, l'éloignement des affaires, ou l'opposition flagrante de tous les hommes considérables du pays, de tous ceux qui l'honoraient le plus par leur talent ou leur caractère; l'isolement de l'Empereur en Europe; les symptômes d'impatience dans l'armée, qui aspirait à une gloire plus légitime que celle de décembre; l'hostilité persistante du parti républicain, la force considérable qu'il avait conservée dans les grandes villes; rendaient difficile la prolongation du *statu quo*. Il fallait une diversion aux esprits; il fallait que la France fût forcée de détourner les yeux d'elle-même; qu'une entreprise nationale vînt amortir les ressentiments des ouvriers républicains, si éminemment patriotes; il fallait en un mot que des satisfactions données à l'amour-propre de la nation, à ses instincts de puissance, de grandeur, de gloire, l'empêchassent de s'apercevoir trop tôt de son état intérieur.

Pour cela la guerre était nécessaire.

Il paraît démontré qu'au début, l'empereur s'était attaché à l'idée de l'annexion de la Belgique. Il y renonça sagement, lorsqu'il comprit qu'une pareille entreprise aurait pour conséquence infaillible de reconstituer la coalition européenne. Si la guerre était nécessaire au nouvel empire, même une grande guerre, il n'était pas moins essentiel que cette guerre ne fît courir aucun danger au pays. L'Empire qui venait d'écraser ce que la France possédait de plus viril, de plus résolûment patriote, le parti révolutionnaire, eût été impuissant à faire surgir du sein de la nation les forces nécessaires pour lutter contre une coalition.

VIII

L'ambition du czar Nicolas vint fournir à l'empereur Napoléon III une incomparable occasion de faire la guerre dans les conditions qu'il devait désirer, c'est-à-dire une guerre nationale, sérieuse, mais sans péril, quant à l'issue.

L'Empereur sut profiter avec une habileté consommée de cette occasion qu'il avait d'ailleurs contribué, dans une certaine mesure, à faire naître.

Quelques détails rétrospectifs sont ici indispensables. Une discussion très-vive s'était élevée à Jérusalem, entre les moines grecs et les moines latins. « Pour parler sans ambages, dit à ce sujet l'historien anglais Kinglake, il s'agissait de décider si, pour passer à travers l'église du Saint-Sépulcre, et arriver à la grotte, les moines latins devaient avoir la clef de la porte principale de l'église de Bethléem, de même qu'une des clefs de chacune des deux portes de la sainte-crèche, et s'ils possédaient le droit de placer dans le sanctuaire de la nativité une croix d'argent, ornée des armes de la France. Les latins réclamaient aussi le privilége de prier, une fois par an, à l'autel de la sainte Vierge, dans l'église de Gethsémani, et ils revendiquaient le droit d'avoir « une armoire et une lampe, » dans le tombeau de la Vierge. »

Cette querelle de moines serait passée inaperçue, si, dès la fin de 1851, l'ambassadeur de France à Constantinople, M. de la Valette, n'avait reçu instruction de prendre vivement en main les prétentions des latins. Leurs réclamations s'appuyaient sur les termes d'un traité ou « capitulation » conclu en 1740, il y avait plus d'un siècle, entre la France et la Turquie. La Porte Ottomane qui avait postérieurement accordé aux Grecs des firmans dérogatoires à certaines stipulations de ces « capitulations, » était dans un grave embarras. Le czar de Russie, aussi dévot qu'ambitieux, prenait un intérêt passionné au maintien des priviléges de l'église grecque. Toute modification au *statu quo* devait le blesser profondément.

M. de la Valette déployait auprès de la Porte une rare insistance. Après le coup d'État, son langage devint extrêmement pressant, presque violent. Il admettait bien une transaction sur la croix d'argent, l'armoire et la lampe, mais il se montrait intraitable au sujet de la clef. La Porte louvoya longtemps; mais, à la fin de 1852, le langage de l'ambassadeur français était devenu si menaçant que le divan prit peur et céda tout. La clef fut remise aux moines latins et la croix d'argent installée en grande pompe, le 22 décembre 1852.

Le czar Nicolas, qui avait mis toute sa diplomatie en œuvre pour empêcher ce résultat, en ressentit une véritable humiliation. Grande fut sa colère. Son orgueil d'autocrate et de pape de l'église orthodoxe avait été cruellement froissé. Il résolut de relever à tout prix le prestige de la sainte Russie sur les chrétiens d'Orient. Il s'apprêta à exiger de la Turquie quelque éclatante compensation et commença dès lors à concentrer des troupes sur la frontière de Moldavie.

Il serait téméraire d'affirmer qu'en provoquant ainsi le réveil de la question d'Orient à propos d'une clef et d'une croix d'argent, l'empereur Napoléon III eût prévu, dès le début, quelles grosses proportions prendrait l'affaire; mais il est permis de supposer qu'il y avait dans son action moins de zèle dévot que de politique.

Le czar Nicolas avait vu avec plaisir le coup du 2 décembre; il y avait applaudi par haine des idées libérales, ce qui ne l'empêcha pas de montrer une mauvaise humeur marquée lors du rétablissement officiel de l'Empire. Toute l'Europe sourit de l'entêtement avec lequel Nicolas refusa de donner à l'empereur Napoléon III la qualification de « cousin et frère » usitée entre têtes couronnées. Il ne voulut jamais consentir à le qualifier d'autre titre que celui de « mon bon ami. »

L'empereur de Russie possédait encore, à la fin de 1852, une situation exceptionnelle en Europe. Maître absolu d'un vaste empire, redouté et aimé tout à la fois de ses sujets moscovites, chef d'une armée brave, bien commandée et formidable par le nombre, considéré comme l'égide de l'ordre contre la démagogie européenne, il jouissait d'un prestige immense. Les petits princes d'Allemagne étaient presque tous ses clients; la Prusse semblait son humble satellite; l'Autriche qu'il avait sauvée de la ruine, en écrasant la révolution hongroise de 1849, paraissait hors d'état de se soustraire à son influence.

Nicolas partageait les aspirations traditionnelles de la Russie vers la conquête des rives du Bosphore. Il est incontestable qu'il souhaitait la mort de « l'homme malade » et convoitait la plus large part de sa succession. Toutefois, ce serait, à notre avis, une grave erreur de croire que le czar fût décidé à se lancer, isolé, dans la gigantesque et périlleuse entreprise de l'annexion de Constantinople et des provinces européennes de l'empire ottoman. Pendant son long règne, qui atteignait en 1852 plus d'un quart de siècle de durée, il avait su donner le pas à la politique prudente sur la politique de conquête. On l'avait vu, en 1840, s'unir à l'Angleterre pour assurer l'intégrité de l'empire turc, menacée par le pacha d'Egypte qu'encourageait la France. Il faisait le plus grand cas de l'Angleterre, redoutant son hostilité et comprenant fort bien que ses projets étaient irréalisables sans le concours ou, du moins, la tolérance de la Grande-Bretagne. La complicité de l'Autriche ne lui était pas moins essentielle. Aussi le czar a-t-il pu sonder ces puissances sur l'éventualité d'un partage de l'empire ottoman, sans qu'on puisse conclure de ces ouvertures plus ou moins directes que, dès le début de l'année 1852, Nicolas eût résolu de tenter seul l'aventure. Si grande que fût sa confiance dans la puissance russe, elle n'allait pas jusqu'à lui faire braver l'éventualité d'une coalition dont l'Angleterre et l'Autriche eussent fait partie.

Or, nulle puissance européenne n'a un intérêt plus capital que l'Autriche à s'opposer à la conquête de l'empire turc par la Russie. Son existence même en serait directement menacée. L'annexion au grand empire slave (ou prétendu tel) des provinces slaves et roumaines des bords du Danube inférieur entraînerait forcément et à bref délai l'absorption par le colosse moscovite des provinces slaves de l'Autriche et de leurs enclaves madgyares ou roumaines, c'est-à-dire des deux tiers de la monarchie. Il ne saurait y avoir de doute à cet égard.

La politique autrichienne dans les affaires orientales avait été constamment dirigée en conséquence. L'Autriche seule avait essayé de soutenir la Turquie en 1828, au temps où, par philhellénisme, la France et l'Angleterre anéantissaient, au profit de la Russie, la flotte turque à Navarin. Aucun changement ne s'était produit dans ces dispositions de l'Autriche à l'égard de la Turquie.

L'Angleterre professait, comme un dogme de sa politique orientale, le maintien de l'intégrité de l'empire ottoman. On pensait généralement dans les classes gouvernantes d'Angleterre que la conquête des rives du Bosphore par la Russie serait un grave danger pour l'influence britannique en général, et une menace pour les possessions anglaises de l'Inde.

L'intérêt de la France dans la question, quoique beaucoup moins direct, était cependant notable. La France ne pouvait voir sans ombrage la Russie porter à Constantinople le centre de sa puissance et déborder ainsi sur les rives de la Méditerranée.

La Prusse elle-même, malgré ses liens avec la Russie, n'eût pas vu sans inquiétude les bouches du grand fleuve allemand, le Danube, passer sous la domination russe.

Si ces dispositions des grandes puissances persistaient et se manifestaient avec quelque énergie, elles devaient suffire à dissuader le czar de tout projet immédiat de conquête, ou à l'arrêter bientôt, s'il s'engageait dans cette voie.

Reprenons maintennt le récit des événements.

Nicolas était encore sous le coup de son humiliation dans l'affaire de la « clef » lorsque les troubles du Montenegro semblèrent lui fournir un prétexte d'intervenir dans les affaires turques. L'Autriche qui, pour des raisons spéciales, désirait vivement la fin de ces troubles, se hâta de devancer la Russie ; elle demanda à la Porte des conditions de paix favorables pour les Monténégrins, les imposa au Divan, qui eut le bon esprit de les accorder. C'est pendant ces négociations que le czar Nicolas fit à l'ambassadeur anglais, sir Hamilton Seymour, des ouvertures qui devaient être tenues secrètes, touchant un partage éventuel de l'empire ottoman. Il est à peine besoin de dire que ces ouvertures furent repoussées. Le czar espérait alors que les troubles du Montenegro donneraient le signal d'une conflagration générale dans l'empire ottoman.

L'apaisement de ce conflit l'obligea de chercher un autre moyen de réparer l'échec que la diplomatie française lui avait fait subir dans la question des Lieux Saints. Ce fut l'objet de la fameuse ambassade du prince Mentschikoff. Il avait mission de réclamer de la Porte ottomane, outre des concessions relatives aux Lieux Saints, l'addition au traité de Kaïnartji d'une convention supplémentaire qui donnerait au czar une sorte de protectorat déclaré sur l'Église grecque dans l'empire ottoman. Le prince Mentschikoff devait appuyer ses demandes d'un ultimatum.

Le Divan obéissant à l'inspiration de l'ambassadeur anglais, lord Strafford-Redcliffe, diplomate consommé, grand esprit et ferme caractère, résista énergiquement aux prétentions du prince Mentschikoff.

L'empereur Napoléon III, les premières informations reçues sur le caractère de l'ambassade russe, avait donné ordre à l'escadre de la Méditerranée de se rapprocher de Constantinople ; elle alla mouiller à Salamine.

Cette démonstration fut pour Nicolas un nouveau motif d'irritation. La présence de lord Strafford-Redcliffe à Constantinople et son influence auprès de la Porte n'étaient pas pour le czar un moindre sujet de colère. Il détestait cordialement le célèbre ambassadeur, le considérant comme un adversaire personnel. Nul homme, à la vérité, n'avait plus puissamment contrecarré la politique russe en Orient.

Après onze semaines de négociations, le prince Mentschikoff ayant épuisé tous les moyens d'intimidation qu'il croyait de nature à faire faiblir la Porte ottomane, quitta Constantinople avec tout le personnel de l'ambassade russe.

Avant la rupture, lord Strafford-Redcliffe avait obtenu un résultat considérable au point de vue du maintien de la paix. Les ambassadeurs d'Autriche et de Prusse s'étaient unis à lui et à l'ambassadeur de France pour formuler un blâme énergique contre les exigences de la Russie. Ce pouvait être le point de départ d'une vigoureuse action collective devant laquelle le czar eût certainement reculé.

Le 31 mai, la Porte reçut de M. de Nesselrode une dernière sommation, au nom du czar, et la rejeta. Quelques jours après, l'armée russe franchit le Pruth et occupa la Moldo-Valachie.

La flotte française unie cette fois à la flotte anglaise, alla mouiller dans la baie de Bésika à l'entrée des Dardanelles. Ce mouvement des escadres anglo-françaises était dû aux instances de Napoléon III.

La position anormale des Principautés danubiennes, vassales de l'empire turc, mais soumises au protectorat russe, était telle que leur occupation pouvait ne pas être considérée par la Porte comme une déclaration de guerre. C'était cependant un acte grave, un premier appel à la force, qui excita dans toute l'Europe une vive désapprobation.

L'Autriche, dont les intérêts étaient, ainsi que nous l'avons dit, les plus directement engagés, se montra, dès le début, fermement résolue, non-seulement à ne pas tolérer une marche des Russes sur Constantinople, à travers les Balkans, mais encore à faire cesser, même par la force, l'occupation des Principautés danubiennes. L'Autriche était d'ailleurs stratégiquement placée de façon à obtenir ces résultats sans grands efforts. Il lui suffisait de masser ses troupes en Transylvanie, pour faire courir, en cas de rupture, les plus grands périls à l'armée russe qui aurait persisté à demeurer sur le Danube.

C'était donc à l'Autriche que revenait de droit le rôle le plus actif parmi les puissances continentales.

Il était d'ailleurs certain, et les événements ultérieurs l'ont bien prouvé, que la Russie n'aurait pas risqué, pour la question orientale, une guerre contre l'Autriche, appuyée par l'Angleterre et la France.

IX

Mais ceci n'eût point répondu aux désirs secrets de Napoléon III. L'invasion des Principautés par la Russie lui offrait une inestimable occasion de faire la guerre si indispensable à l'affermissement de l'établissement impérial. Aussi l'empereur Napoléon III prit-il avec une rare habileté le premier rôle dans cette affaire où les intérêts de la France étaient bien inférieurs à ceux de l'Angleterre et de l'Autriche.

Dès le début de la mission du prince Mentschikoff, il avait proposé à l'Angleterre une action commune des deux puissances pour éteindre l'incendie que ses intempestives réclamations en faveur des moines latins avait allumé, et une entente réciproque dans le but de résister à la Russie. A partir de ce moment jusqu'au jour où la guerre fut ouvertement déclarée, Napoléon III poursuivit avec une persévérance et une habileté rares, le grand projet de former avec l'Angleterre une alliance séparée, et d'agir avec elle, mais avec elle seule, contre la Russie. Il subordonna toute autre considération à ce dessein. Il eut le don de discerner clairement ce que beaucoup ne comprirent pas au début, c'est-à-dire le prix inestimable dont était pour l'affermissement du régime impérial, une alliance intime entre le gouvernement du 2 décembre et la libre Angleterre contre l'autocrate russe. Il déploya dans la suite des négociations qui devaient aboutir à la conclusion d'une alliance séparée avec l'Angleterre, un art consommé, une astucieuse finesse, un esprit fécond en ressources, singulièrement habile à dissimuler le vrai but de sa politique.

Lord Aberdeen, président du conseil des ministres d'Angleterre, qui désirait la paix aussi ardemment que Napoléon III désirait la guerre, fut complétement dupé. La pensée de conquérir la France à la politique traditionnelle de l'Angleterre en Orient, et l'idée préconçue que la guerre était impossible, si les deux grandes puissances maritimes étaient d'accord, contribuèrent puissamment aux fautes de lord Aberdeen. D'engagements partiels en engagements partiels, il en vint, au milieu de juin, au moment où l'entente était parfaite entre les quatre grandes puissances, où leur action collective pouvait faire reculer la Russie, sans recourir aux armes, lord Aberdeen en vint, disons-nous, à se laisser persuader qu'un traité particulier d'alliance avec la France, serait une garantie pour le maintien de la paix.

Le 8 juillet, lord Palmerston annonçait à la chambre des communes « que la France et l'Angleterre étaient tombées d'accord, qu'elles avaient une confiance inaltérable l'une dans l'autre. » A la fin de la session, le discours de la reine répétait une semblable déclaration.

Napoléon III avait déjà atteint un premier résultat. Il était entré de plain-pied dans le concert des têtes couronnées, il jouait déjà un rôle considérable. L'Angleterre, la vieille adversaire du premier Bonaparte, l'Angleterre libérale où le 2 décembre avait rencontré une si profonde réprobation, l'Angleterre gouvernée par la respectée Victoria, devenait l'intime alliée des vainqueurs du 2 décembre.

Cependant une conférence réunie à Vienne avait élaboré un plan de conciliation, une note collective qui fut acceptée par la Russie. La paix paraissait faite. Nicolas, surpris de rencontrer chez les grandes puissances une union à laquelle il ne s'attendait pas, se montrait plus maniable. Il paraissait disposé à reculer pourvu qu'il pût honorablement couvrir sa retraite. A la surprise générale, les difficultés vinrent de la Turquie. L'Angleterre et l'Autriche se montrèrent très-irritées de cette attitude du Divan; la France, moins. Il est permis de supposer que l'influence de l'empereur Napoléon III n'était pas étrangère à cette roideur inattendue de la Turquie.

L'Angleterre liée par ses conventions d'alliance intime avec la France, obligée de compter avec le refroidissement que l'annonce de cette alliance avait causé à Vienne et à Berlin, ne pouvait plus agir sans le concours de Napoléon III. L'influence de celui-ci devenait déjà prépondérante. Les négociations au sujet de la note rédigée par la conférence de Vienne se prolongèrent. La Russie fournit à la Porte ottomane des motifs sérieux de résistance.

La conférence avait néanmoins élaboré un nouveau projet d'accommodement qui semblait devoir aboutir, lorsque le gouvernement turc trancha subitement le nœud de la question, en déclarant la guerre à la Russie et en ouvrant les hostilités sur le Danube (23 octobre 1853).

Antérieurement à la déclaration de guerre, l'empereur Napoléon III avait réussi à arracher de l'Angleterre le consentement à des mouvements maritimes hostiles à la Russie. Dès le 13 juillet, il déclarait par son ministre des affaires étrangères que si l'occupation des principautés continuait, la flotte française ne pourrait rester plus longtemps à la baie de Besika; le 19 avril il déclarait qu'il était indispensable de faire entrer les flottes réunies dans les Dardanelles ; le 21 septembre il pressa si vivement le gouvernement anglais d'envoyer les escadres à Constantinople, qu'après de longues hésitations lord Aberdeen finit par y consentir. Les flottes alliées franchirent les Dardanelles avant même l'ouverture des hostilités entre les Turcs et les Russes, ce qui constituait une violation du traité de 1841, qui interdit au Sultan le droit d'ouvrir en temps de paix le passage des détroits à des flottes armées.

Quand la nouvelle de cette démarche hostile arriva à Saint-Pétersbourg, elle mit fin pour le moment à toute espérance de paix. Le vieux comte de Nesselrode, qui avait jusqu'à ce jour résisté autant qu'il le pouvait à son maître, l'engageant à céder, déclara avec chagrin qu'il voyait dans les actes des puissances occidentales un « dessein arrêté d'humilier la Russie ». Ce fut sous l'aiguillon de la colère ressentie à cette nouvelle que le czar envoya ordre à la flotte russe de Sébastopol d'agir contre la marine turque.

Le 30 novembre, l'escadre ottomane mouillée dans la baie de Sinope fut attaquée et détruite par l'escadre russe. On crut généralement en Angleterre et en France que les Russes avaient attaqué en violation d'une sorte d'accord tacite qui aurait limité les opérations militaires à la vallée du Danube. On qualifia le combat de Sinope de « guet-apens ». Cette appréciation était injuste. L'escadre russe avait évolué dans la mer Noire dix jours avant le combat ; elle s'était présentée une première fois devant Sinope le 23 novembre ; le 26, elle avait capturé un vapeur turc ; enfin, il est prouvé que les amiraux anglais et français furent prévenus à temps ; qu'ils auraient pu intervenir comme leurs instructions les y autorisaient, et prévenir le désastre. D'autre part, nul accord n'était intervenu pour neutraliser la mer Noire ; les Turcs attaquaient les Russes sur le littoral asiatique de cette mer et rien dans les lois de la guerre n'obligeait les Russes à s'interdire de couler à fond les vaisseaux de leurs adversaires.

La nouvelle de cette malheureuse affaire de Sinope produisit en France et surtout en Angleterre une vive colère. Cette exécution accomplie pour ainsi dire sous le canon de nos escadres fut considérée comme une insulte.

L'Empereur proposa sur-le-champ au cabinet anglais d'avertir la Russie « que la France et l'Angleterre étaient « décidées à prévenir la répétition de l'affaire de Sinope, « et que désormais tout navire russe qu'on rencontre- « rait dans la mer Noire serait requis et, au besoin, « forcé de rentrer dans Sébastopol ; et que tout acte d'a- « gression tenté à l'avenir contre le territoire ou le pavil- « lon ottoman serait repoussé par la force. »

Ceci équivalait à une déclaration de guerre. Le cabinet anglais le sentit et hésita longtemps. Il eût considéré comme suffisante une neutralisation de la mer

Noire que la Russie n'était pas éloignée d'accepter. L'empereur Napoléon III se montra si pressant que lord Aberdeen céda. Lord Palmerston qui paraît avoir agi dans toute cette affaire, d'accord avec Napoléon III, s'était retiré du ministère lors des premières hésitations du président du conseil, et n'y était rentré que lorsqu'on eut obtempéré aux désirs de l'empereur[1]. La sommation fut signifiée au gouvernement russe. Nicolas rappela sur-le-champ ses ambassadeurs. Les gouvernements de France et d'Angleterre suivirent son exemple. Le 4 janvier 1854 les escadres alliées entrèrent dans la mer Noire d'où disparut le pavillon russe.

Cependant l'Autriche et même la Prusse se montraient plus résolues que jamais à s'opposer aux envahissements de la Russie et à obtenir l'évacuation des Principautés. Elles apportaient autant de persévérance à demeurer diplomatiquement d'accord avec la France et l'Angleterre que celles-ci mettaient d'ostentation à proclamer leur action distincte. Le 5 décembre 1853, la Prusse et l'Autriche avaient signé un protocole garantissant l'intégrité de l'empire ottoman; le 14 mars 1854, elles avertissaient la confédération germanique qu'un appel pourrait être fait aux forces de l'Allemagne entière; à la même époque l'Autriche concentrait des for-

1. Il n'est pas inutile de faire remarquer que lord Palmerston avait été, en décembre 1851, obligé de se retirer du ministère pour avoir, sans l'assentiment de ses collègues, approuvé l'acte du 2 décembre.

ces considérables dans le Banat et en Transylvanie; le 20 avril, l'Autriche et la Prusse contractaient une alliance offensive et défensive, elles stipulaient que l'Autriche sommerait le czar d'évacuer le territoire ottoman, que si la guerre devait en résulter, la Prusse consacrerait toutes ses forces à la défense de l'Autriche; le 3 juin la sommation autrichienne fut adressée à Saint-Pétersbourg. A la fin de ce mois, les Russes commencèrent le mouvement d'évacuation.

Ainsi l'Autriche et la Prusse étaient allées jusqu'au bout dans leur résolution de défendre l'intégrité de l'empire ottoman. Ne résulte-t-il pas avec une parfaite évidence de cette conduite des puissances allemandes que la Turquie ne courait aucun danger? N'en résulte-t-il pas que la retraite des Russes pouvait être obtenue sans recourir aux armes? N'en résulte-t-il pas aussi que l'action isolée de la France et de l'Angleterre ne pouvait avoir d'autre résultat que de provoquer une guerre entre ces puissances et la Russie, guerre doublement inutile; car, d'un côté, elle n'était pas nécessaire pour défendre l'empire ottoman, couvert par l'Autriche et la Prusse, d'un autre, cette guerre circonscrite par la situation géographique des belligérants, aux extrémités de l'empire russe, ne pouvant donner aucun résultat décisif, devait laisser intacte la puissance moscovite qu'on ne peut frapper qu'en Pologne, ce qui implique le concours de l'Allemagne?

Mais l'empereur Napoléon III avait atteint son but. La guerre était inévitable depuis l'entrée des flottes alliées dans la mer Noire et le rappel des ambassadeurs.

C'est à ce moment que l'empereur écrivit à « son bon ami » le czar Nicolas une lettre autographe, lui proposant un armistice qui laisserait la voie ouverte à de nouvelles négociations. Napoléon III, satisfait d'avoir mis l'Angleterre à sa suite et de se poser en arbitre de l'Europe, jouissait de son triomphe et offrait une paix qu'il savait bien ne devoir pas être acceptée. Il ne se trompait pas à cet égard. La réponse russe fut fière, blessante même dans les termes.

La guerre fut déclarée.

Il convient maintenant de se reporter sur la situation intérieure de la France et d'examiner l'impression que produisait sur le public l'imminence de la guerre.

Les classes conservatrices, peu belliqueuses de leur nature, ne montraient cependant pas l'ombre d'un mécontentement. L'alliance anglaise rassurait les intérêts; l'attitude défavorable à la Russie des puissances allemandes éloignait tout danger de complications trop graves. D'ailleurs les conservateurs à tous les degrés de l'échelle sociale, s'étaient désintéressés des affaires publiques, parfaitement résignés à laisser l'empereur les conduire à sa guise. Dans les régions gouvernementales, on comprenait généralement les raisons qui faisaient de cette guerre une inestimable occasion d'affermir le nouveau système;

on y applaudissait donc. L'armée était pleine d'ardeur ; elle brûlait de se mesurer avec les Russes, de rivaliser avec nos vieux rivaux, les Anglais ; de faire disparaître le souvenir de ses tristes exploits de guerre civile dans le rayonnement de la gloire conquise contre l'étranger. Et puis quelle carrière, quel champ illimité s'ouvraient devant les espérances d'avancement, d'honneurs, de titres à conquérir!

La guerre n'était pas vue avec défaveur par la haute bourgeoisie parlementaire. Ses chefs la considéraient comme nécessaire. On répétait un mot attribué à l'un des princes de la famille d'Orléans, qui aurait dit : «Après nous avoir pris nos biens, il nous prend notre guerre ; celle que nous avions rêvé de faire.»

Dans les masses populaires qui constituaient le parti républicain, le double sentiment d'un patriotisme très-vif, d'une susceptibilité extrême en ce qui touche à la grandeur nationale, et d'une aversion décidée contre la Russie produisit un courant d'opinion très-favorable à la guerre. La plupart des républicains la virent avec joie. C'était l'inconnu. Qui pouvait dire que la Révolution ne sortirait pas des éventualités qui allaient se produire ? Les républicains en général faisaient peu de cas des traditions de politique internationale qui guident les gouvernements européens ; ils les étudiaient peu. Ils ne tinrent pas compte des intérêts qui forçaient la Prusse et surtout l'Autriche à rompre leurs vieux liens avec la

Russie et à prendre à son égard une attitude hostile. Ils voyaient dans la guerre la coalition se reformant et la France obligée pour lui tenir tête de relever le drapeau de la Révolution. Victor Hugo écrivait dans le *post-scriptum* de ses *Châtiments* :

« La guerre, c'est la fin ; ô peuples, nous y sommes ! »

Une fois les premiers coups de canon tirés, le drapeau national engagé, nos soldats aux prises avec l'ennemi, l'esprit militaire prit le dessus sur tous les autres sentiments au sein de la démocratie. Les journaux républicains tolérés par le pouvoir, contribuèrent puissamment, *le Siècle* surtout, à maintenir cet état des esprits. Ces journaux, sincèrement convaincus qu'une guerre contre la Russie était, quoi qu'il advînt, une guerre au profit de l'idée démocratique, se montrèrent fort belliqueux. Ils se dédommagèrent du silence qui leur était imposé sur les questions intérieures en s'occupant exclusivement de la guerre, et en déversant sur le despotisme russe le flot de récriminations qu'il leur était interdit d'écouler ailleurs.

Un révolutionnaire célèbre, un noble cœur, Armand Barbès, exprima dans une lettre rendue publique, quelques mois plus tard[1], des sentiments tout conformes à ceux qui existaient au sein des masses ouvrières. Il faisait des vœux pour le succès de nos armes et rappelait

---

1. La publication en fut faite à l'insu de Barbès.

que le parti républicain avait toujours tenu à honneur de s'appeler aussi le parti patriote. Cette lettre, blâmée par quelques-uns, fut approuvée par le plus grand nombre.

La guerre eut donc, dès le début, pour premier résultat d'affranchir l'empire de toute préoccupation intérieure.

X

Il n'entre pas dans le plan de cette introduction de donner un récit circonstancié de la guerre d'Orient. Nous nous bornerons à en rappeler les phases principales.

Le 15 août 1854, une expédition anglo-française s'empara de la forteresse de Bomarsund, dans la Baltique. Ce fut la seule opération militaire saillante entreprise de ce côté.

A la même époque, les troupes alliées, débarquées sur le territoire turc, se concentraient à Varna, sur la mer Noire. Les Français étaient commandés par le maréchal Saint-Arnaud, le ministre du 2 décembre ; les Anglais, par lord Raglan. Celui-ci offrait un des types les plus accomplis du militaire anglais. Elève de Wellington, il était comme son maître, sage, prudent, circonspect, ménager de la vie de ses soldats, mais doué d'une inébranlable fermeté. Une armée confiée à son commandement pouvait bien ne pas frapper des coups brillants et rapides, mais on pouvait être assuré qu'elle n'éprouverait pas de désastres.

L'évacuation des Principautés par les Russes et leur occupation par l'armée autrichienne, laissaient sans objet la grande expédition anglo-française. Le territoire ottoman n'était plus menacé. Des instructions secrètes enjoignirent aux deux généraux en chef de débarquer en Crimée et de mettre le siége devant Sébastopol, le grand arsenal et le port de refuge de la marine russe dans la mer Noire. Après bien des tâtonnements et des hésitations, la flotte alliée aborda les côtes de Crimée. L'armée prit terre. Quelques jours plus tard, le 20 septembre, les troupes anglo-françaises débusquèrent les Russes campés sur les hauteurs de l'Alma.

Cette victoire a été singulièrement surfaite. Les Russes n'avaient pas plus de quarante mille hommes, tandis que les alliés étaient soixante mille. La part des Français, dans cette journée, fut relativement fort mince. Les généraux se montrèrent médiocres ; les soldats mal conduits, ne parurent pas d'abord à la hauteur de leur réputation [1]. L'armée, hâtons-nous de le dire, devait prouver bientôt que la valeur française n'avait pas dégénéré

---

1. Voir, à cet égard, l'historien anglais Kinglake et les écrivains militaires russes Anitchkoff et Chodasiewiez. Nous osons affirmer que le vrai caractère de la bataille de l'Alma est encore inconnu en France. Le rapport de Saint-Arnaud, vrai type de fanfaronnade gasconne, n'est pas un récit sérieux.

Le maréchal Saint-Arnaud, atteint d'une maladie chronique, fut pris d'une attaque de choléra, et mourut peu après. Le général Canrobert le remplaça.

Les alliés, tournant la rade de Sépastopol, et négligeant les forteresses qui défendaient de ce côté la célèbre place de guerre, vinrent s'établir sur le plateau qui fait face à la partie sud de la ville. Les flottes anglo-françaises, maîtresses de la mer, leur apportaient vivres et renforts.

Le côté sud de Sébastopol était à peine fortifié. On ne crut cependant pas prudent de risquer une brusque attaque; un coup de main qui eût peut-être réussi.

Alors commença ce long siége, presque sans exemple dans les annales de la guerre, et qui offrit ce singulier caractère que les formidables ouvrages défensifs dont la prise coûta tant d'efforts et de sacrifices, furent élevés par les assiégés en présence des assiégeants. La place n'étant point investie, Sébastopol conservait ses communications avec l'intérieur de la Russie. Les renforts et les vivres arrivaient donc librement.

Nous ne saurions nous étendre sur toutes les péripéties de cette lutte d'une année. Bornons-nous à rappeler qu'au début, les Russes ayant repris l'offensive, les alliés furent presque autant assiégés qu'assiégeants. Cette période est marquée par le rude combat de Balaclava, par la sanglante bataille d'Inkermann. En avril 1855, le siége n'avait encore fait aucun progrès. Les alliés s'étaient maintenus; c'était tout. Les Russes, sous la direction d'un ingénieur de premier ordre, le général Totleben, avaient accumulé redoutes, bastions et redans. On attribue au général Niel, envoyé vers cette époque devant Sébastopol, le changement opéré dans la direction des travaux du siége. Il eut, assure-t-on, le mérite de discerner que la clef de Sébastopol était dans la série d'ouvrages que dominait la tour Malakoff, appelée par les Russes bastion Korniloff. Cette position devint l'objectif des Français. Canrobert avait, sur ces entrefaites, cédé la place à Pélissier, soldat vigoureux, sinon général consommé.

Une série de sanglantes attaques, en mai et en juin, préparèrent l'assaut général qui fut fixé au 18 juin, anniversaire de Waterloo. Cet assaut échoua. Les pertes des alliés furent cruelles. Lord Raglan mourut vers cette époque. L'armée anglaise, décimée par les maladies, avait cédé la principale tâche aux Français. La fin de juin, le mois de juillet entier sont employés à avancer pas à pas vers la position de Malakoff. Le 15 août, les Russes tentent un mouvement offensif contre l'armée d'observation, campée sur la Tchernaïa. Ils sont brillamment repoussés. Les Piémontais, devenus depuis peu les alliés de la France et de l'Angleterre, se distinguent dans cette affaire. Le 8 septembre, enfin, la position de Malakoff tombe après un assaut meurtrier. Les Russes évacuent la partie sud de la ville, se retirent au delà de la rade, détruisant ceux des navires de leur flotte qu'ils n'avaient pas déjà coulés.

L'armée française avait prouvé pendant ces onze mois de lutte journalière qu'elle savait joindre la ténacité, la persévérance, le sang-froid, à la bravoure impétueuse. Ses pertes avaient été immenses : plus de 70 000 hommes avaient succombé, dévorés par la maladie, ou tombés sous le feu de l'ennemi. L'abnégation, la patience, le courage inébranlable de notre armée au milieu des épreuves de ces longs mois, lui avaient valu l'estime, l'admiration même de l'Europe.

En France, l'opinion avait suivi, attentive, tous les incidents de la lutte. Elle n'y apportait ni ardeur, ni passion ; le coup d'État semblait avoir banni ces deux sentiments de l'âme française. C'était plutôt une sorte de curiosité sympathique, un vif intérêt pour les souffrances de nos soldats, une joie sincère de leurs succès.

Pendant ce temps, Napoléon III régnait et gouvernait, sans que l'ombre d'une opposition vînt troubler sa sérénité. Au printemps de 1855, il fit, accompagné de l'impératrice Eugénie, une visite à la reine Victoria. Londres, et l'Angleterre en général, accordèrent un bon accueil au visiteur. Quelques mois plus tard, la reine Victoria vint à Paris rendre leur visite à l'Empereur et à l'Impératrice. C'était au moment de l'Exposition universelle qui eut lieu malgré la guerre.

Le vainqueur du 2 décembre visité par la reine Victoria ! Où trouver une plus éclatante preuve des résultats de la guerre pour l'affermissement du trône impérial?

Cependant Nicolas, frappé dans son orgueil, humilié de son impuissance, brisé par la fatigue et le chagrin, avait succombé à une courte maladie. Son fils Alexandre II avait refusé d'accepter les conditions d'arrangement proposées par les diplomates de Vienne, avant l'issue de la lutte engagée devant Sébastopol. L'orgueil militaire de la Russie ne lui eût pas permis de céder tant que le dernier acte de ce drame n'était pas accompli.

XI

Après la chute de la place, la Russie parut mieux disposée à se courber sous la nécessité.

Outre la renonciation au protectorat des Grecs, les puissances exigeaient d'elle la neutralisation de la mer Noire, c'est-à-dire l'interdiction pour la Russie d'avoir des ports de guerre et d'entretenir des flottes armées sur cette mer.

L'Autriche, qui voulait énergiquement le rétablissement de la paix, signifia ces conditions à Saint-Pétersbourg sous forme d'ultimatum. La Prusse conseilla au czar de se résigner. Alexandre II céda.

L'Angleterre avait vu avec regret la guerre se terminer sans que la puissance russe eût été sérieusement entamée. Le peuple anglais et les principaux hommes d'État pensaient qu'une nouvelle campagne était indispensable pour mettre la Russie hors de page et la rendre désormais impuissante. Mais pour entreprendre efficacement cette campagne, il fallait poser la question polonaise, ouvrir ainsi la porte aux éventualités les plus graves, s'exposer au réveil de la Révolution. L'Angleterre, froissée du rôle secondaire joué par son armée dans les dernières périodes du siége de Sébastopol, humiliée de l'inaction de sa flotte, n'aurait pas reculé devant ces redoutables perspectives. L'empereur Napoléon III l'arrêta avec la même habileté qu'il l'avait entraînée deux ans auparavant. Pour lui, le but de la guerre était atteint. La paix ne lui était pas moins utile en 1856 que la guerre lui avait été indispensable en 1854. Si l'on se place donc à son point de vue, rien de plus judicieux que la résolution de l'Empereur de traiter avec la Russie.

Le Congrès se réunit à Paris le 21 février 1856 sous la présidence de M. Walewski, fils naturel, dit-on, de Napoléon Ier, devenu un des hauts personnages du second empire. Un armistice fut bientôt conclu. Les discussions du Congrès ne présentèrent qu'un seul incident qui nous doive occuper, en passant. M. de Cavour, plénipotentiaire du royaume de Sardaigne, y souleva la « question italienne. » Ainsi furent jetés les premiers prétextes de cette autre guerre qui devait, trois ans plus tard, fournir à l'empire une nouvelle et puissante diversion ; lui donner les moyens de se poser un instant en soldat de la révolution européenne ; lui permettre enfin de détourner pour plusieurs années sur la question religieuse les ressentiments et les colères de la démocratie.

La paix fut signée le 25 avril avec une plume d'aigle, taillée par M. Feuillet de Conches, l'ordonnateur ordinaire des cérémonies du nouvel empire. Elle mortifiait, humiliait la Russie sans l'affaiblir sensiblement.

XII

Quelques semaines avant la conclusion du traité de Paris, un événement heureux avait comblé les désirs de Napoléon III. L'impératrice était accouchée d'un fils.

L'empire avait atteint son apogée. L'empereur, maître absolu au dedans, arbitre de l'Europe, chef d'une armée victorieuse, éprouvée, glorieuse, était au point culminant de la puissance. La France semblait avoir oublié le 2 décembre, ses libertés perdues, son parlement jeté dehors, conduit en prison dans des voitures à forçats ; elle semblait avoir oublié les proscriptions, Cayenne, l'Afrique, l'exil. Sans doute, pendant les trois dernières années, maints symptômes avaient révélé la persistance du parti républicain. Les tribunaux correctionnels n'avaient guère passé de trimestre sans frapper quelque société secrète, plus ou moins sérieuse. La *Commune révolutionnaire*, la *Militante*, la *Marianne*, à Paris, à Lyon, à Nantes, à Angers, à Bordeaux ; mais on pouvait penser que ce n'était là que les derniers tressaillements d'une faction expirante. En réalité les années écoulées, la guerre d'Orient, la force acquise par le pouvoir, le sentiment de son omnipotence, de l'inanité de tout effort pour le terrasser, avaient écarté à bon droit les inquiétudes, les anxiétés des débuts du régime. Tant de prospérité, un bonheur si extraordinaire avaient paralysé les partis hostiles. On attribuait volontiers à l'Empereur autant d'habileté, de génie même, qu'on lui avait dénié jadis de simple intelligence.

XIII

Cependant une année de paix suffit pour faire renaître le besoin de la liberté. On put remarquer bientôt, dans les régions même du pouvoir, des indices de mécontentement. Le Corps législatif, si bien choisi, si docile, si nul, souffrait secrètement de son humiliation [1].

---

1. Les personnes qui douteraient de la réalité de notre assertion, et qui en seraient encore à penser que les décrets de novembre 1860 ont « devancé l'opinion », n'ont qu'à lire les curieuses révélations de l'indiscret docteur Véron, député de la Seine, touchant les élégiaques lamentations auxquelles se livraient, dans la salle des Conférences, dans les cercles privés, de modestes élus du suffrage discipliné. Ils y trouveront la preuve de ce sourd mécontentement. — Voir la brochure : *Quatre ans de règne, où en sommes-nous ?*

Dans les masses démocratiques, l'esprit révolutionnaire avait subi une éclipse; mais ces masses ne s'étaient pas réconciliées.

Les élections législatives de 1857 en fournirent la preuve.

A Paris, ces élections causèrent une agitation réelle. Le parti républicain se divisa sur la question de l'abstention. Beaucoup pensaient avec raison, selon nous, qu'il fallait user de toutes les armes, se servir du tronçon si l'on ne pouvait disposer de l'arme intacte, aller au scrutin, habituer un pays qui, depuis six ans, obéissait en silence, à résister légalement aux volontés de ses maîtres. Abstention est, la plupart du temps, synonyme d'abdication. Rien de plus commode pour les tièdes, pour les timides qui craignent de se compromettre en luttant ouvertement. Rien de plus énervant pour les masses qui comprennent mal les raisons quasi métaphysiques d'une telle tactique. Les journaux démocratiques qui existaient à cette époque se prononcèrent pour l'action électorale. Le *Siècle* commença; la *Presse*, rédigée alors par M. Nefftzer, et l'*Estafette* suivirent.

Nous n'avons pas à nous appesantir sur les détails. Nous ne dirons pas comment deux hommes qui, plus tard, devaient trahir la cause républicaine, MM. Ollivier et Darimon, furent préférés à MM. Garnier-Pagès et Bastide. La signification du vote nous importe seule.

Paris, dans ses circonscriptions urbaines, nomma *cinq*

républicains sur huit députés à élire : MM Cavaignac, Carnot, Goudchaux, Ollivier et Darimon. La manifestation de Lyon n'avait pas été moins significative. M. Hénon avait été élu, et le deuxième candidat démocrate, M. Bacot, n'avait échoué que de quelques suffrages. Bordeaux avait élu M. Curé, considéré alors comme républicain. Un grand nombre d'autres villes s'étaient associées à cette manifestation. Le général Cavaignac, dont le nom signifiait clairement république [1], obtint un grand nombre de voix sur les points les plus opposés de la France. Il eut la majorité dans la ville d'Avignon, des milliers de voix dans la Marne, la Meurthe, le Lot, etc. Un autre républicain, M. Bordillon, n'échoua dans Maine-et-Loire que de quelques centaines de voix. MM. Emmanuel Arago et Pagès (de l'Ariège) eurent la majorité à Toulouse. L'opposition réunit des minorités respectables dans l'Aube, la Côte-d'Or, la Loire, l'Eure, la Dordogne, l'Hérault (majorité républicaine à Montpellier), l'Indre, la Charente, l'Orne, etc.

Cette manifestation de l'esprit public, si modeste, si timide qu'elle eût été, impressionna vivement le pouvoir. Il y a lieu de penser que l'empereur songea dès lors à une nouvelle diversion guerrière et en même temps,

---

1. Ceci soit dit indépendamment du jugement que l'on peut porter sur ses actes comme chef du pouvoir exécutif en 1848.

peut-être, à une réforme intérieure dans le sens de l'extension des prérogatives du Corps législatif.

La pensée de la guerre d'Italie et celle du décret du 24 novembre 1860 pourraient bien dater du lendemain des élections de 1857.

CHAPITRE II.

L'ATTENTAT.

L'attentat du 14 janvier. — Récit du *Moniteur* et des journaux. — Adresses au chef de l'État. — Les *Te Deum* dans toutes les églises de France. — Orsini, Pierri, Rudio, Gomez seuls coupables. — Procès du docteur Simon Bernard en Angleterre. — Procès devant la Cour d'assises de la Seine. — Interrogatoire d'Orsini. — Plaidoirie de Mᵉ Jules Favre. — Lettre d'Orsini à Napoléon III. — Condamnation des accusés. — Réquisitoire de M. Dupin à la Cour de cassation. — Exécution d'Orsini et de Pierri.

I

La France en était là, lorsque, dans la soirée du jeudi 14 janvier 1858, le bruit se répandit dans Paris qu'une tentative d'assassinat avait eu lieu sur l'Empereur et l'Impératrice, au moment où ils traversaient la rue Lepelletier pour se rendre à l'Opéra.

Le *Moniteur* du lendemain, 15, contenait, en effet, la note suivante :

« Hier soir, à huit heures et demie, au moment où LL. MM. l'Empereur et l'Impératrice arrivaient à l'Opéra, trois détonations, provenant de projectiles creux, se sont fait entendre.

« Un nombre considérable de personnes qui stationnaient devant le théâtre, des soldats de l'escorte et de la garde de Paris ont été blessés, deux mortellement.

« Ni l'Empereur, ni l'Impératrice n'ont été blessés. Le chapeau de l'Empereur a été percé par un projectile, et le général Roguet, aide de camp de Sa Majesté, qui se trouvait sur le devant de la voiture, a été légèrement blessé à la nuque. Deux valets de pied ont été blessés.

« Un cheval de la voiture de Sa Majesté a été tué et la voiture brisée par les projectiles.

« L'Empereur et l'Impératrice ont été accueillis à leur entrée dans la salle de l'Opéra par les plus vifs applaudissements. La représentation n'a pas été interrompue. En apprenant cet événement, LL. AA. II. le prince Jérôme Napoléon et le prince Napoléon, S. A. I. la princesse Mathilde, LL. AA. les princes Murat, les ministres, plusieurs maréchaux, le maréchal commandant l'armée de Paris, plusieurs grands fonctionnaires, des membres du corps diplomatique, les préfets de la Seine et de police, le procureur général près la cour de Paris, le procureur impérial se sont rendus auprès de Leurs Majestés.

« L'instruction a été commencée immédiatement, et plusieurs arrestations ont eu lieu.

« Leurs Majestés ont quitté l'Opéra à minuit. Les boulevards avaient été spontanément illuminés, et une foule considérable a fait entendre sur le passage de l'Empereur et de l'Impératrice les acclamations les plus enthousiastes et les plus touchantes.

« A leur arrivée aux Tuileries, Leurs Majestés y ont trouvé un grand nombre de personnes, parmi lesquelles se trouvaient l'ambassadeur d'Angleterre, le président du Sénat, des membres du corps diplomatique et plusieurs sénateurs. »

Tous les journaux reproduisirent cette note qui causa dans toute la France une impression réelle, d'étonnement de la part des uns, de stupeur de la part des autres.

II

Quels étaient les auteurs de cet attentat? Les républicains, les vaincus du 2 décembre y avaient-ils prêté les mains? Telle fut la question que chacun se posa dans le premier moment de trouble. Mais à peine l'instruction eut-elle été commencée qu'il ne fut plus possible même aux plus malveillants d'y croire. Depuis le coup d'État, les journaux étaient bâillonnés, ils en étaient réduits, comme nous l'avons dit, au silence le plus complet sur la situation politique intérieure, et ne purent, par conséquent, faire remarquer le caractère spécial de cet attentat. Ils se bornèrent au récit des faits, sans y ajouter aucun commentaire.

Le *Moniteur* du 17 janvier s'exprimait en ces termes :

« L'attentat, dont tout Paris frémit encore et qui soulèvera l'indignation du monde entier, semble être le résultat d'un vaste complot tramé à l'étranger. En effet, le gouvernement recevait de Jersey, dès le mois de juin dernier, les renseignements suivants :

« Le complot consiste dans la fabrication de grenades
« fulminantes inventées par ..... Elles sont d'une puis-
« sance inconnue jusqu'à présent et sont destinées à être
« jetées sous la voiture de Sa Majesté Impériale, où leur
« simple choc contre le pavé déterminera leur explosion
« et la destruction de la voiture. »

« D'un autre côté, un nouveau manifeste de Mazzini paraissait, le 9 janvier 1858, dans le journal de Gênes *Italia del popolo*.

« Enfin, des rapports récemment parvenus de Londres à l'administration française portaient ce qui suit :

« Un nommé Pierri, originaire de Florence, ancien
« chef dans la légion italienne, vient de quitter l'Angle-
« terre dans le but de mettre à exécution un complot
« tramé contre la vie de l'Empereur. Cet Italien est un
« homme de quarante à quarante-cinq ans, petit, mai-
« gre, brun, au teint maladif, parlant assez mal le fran-
« çais et avec un accent italien très-prononcé. Il parle
« très-bien l'anglais. C'est un individu violent, méchant,

« très-déterminé et qui a fui son pays à la suite de
« meurtres, entre autres celui d'un prêtre. Avant de
« quitter l'Angleterre, Pierri a eu plusieurs entretiens
« avec les réfugiés français à Londres.

« Un rapport postérieur mentionne « que Pierri a
« passé par Bruxelles, où il a vu plusieurs réfugiés. Il
« s'est dirigé sur Paris en passant par Lille, accompagné
« d'un homme âgé qu'il a pris à Bruxelles, et portant
« avec lui une machine en fonte creuse faite d'après le
« système Jacquin. On remarque, du reste, que cet in-
« dividu voyage dans les voitures de première classe,
« descend dans les meilleurs hôtels et paraît avoir de
« l'argent. »

« Ce même Pierri, dont le signalement était entre les
mains des agents de l'autorité, a été arrêté avant-hier
soir, près de l'Opéra, quelques minutes avant l'attentat.
Il était porteur d'une grenade fulminante, d'un pistolet
revolver et d'un poignard. Malheureusement ses complices étaient déjà à l'œuvre, et il n'a pas été possible de
prévenir leur coupable dessein. »

Puis le *Moniteur* donne la liste des personnes blessées
ou tuées, dont le nombre fut malheureusement considérable.

De l'extrait du *Moniteur* que nous venons de citer, il
semblerait résulter qu'avant l'attentat on pouvait, dans
une certaine mesure, quoique sans preuves aucunes,
soupçonner la complicité des républicains français pro-

scrits. Mais dès le début de l'instruction, qui fut commencée dans la soirée même de l'événement, on put avoir la certitude qu'il n'en était rien. C'est, du reste, ce qu'il nous sera facile d'établir péremptoirement par la suite.

La *Patrie* du 16 janvier contenait déjà le récit suivant :

« Pendant la nuit *les auteurs et les complices* de l'attentat ont été arrêtés ; ce seraient, assure-t-on, quatre étrangers. Trois arrestations auraient été faites dans un hôtel meublé rue Montmartre, et une quatrième dans un hôtel meublé rue Lepelletier. Un grand nombre de sergents de ville stationnent ce matin à la porte de cette maison. Il paraîtrait même que ce serait du premier étage de cette maison que les projectiles auraient été lancés. Cette version était plus acceptée que celle qui attribuait aux auteurs de l'attentat leur présence dans la rue d'où ils auraient fait usage des projectiles . . . .

. . . .

« Les auteurs de l'attentat ont été écroués à la prison de Mazas.

« L'instruction, confiée à M. Treilhard, juge d'instruction, se poursuit activement.

« Le nombre des arrestations augmente à chaque instant ; certains postes de police sont encombrés. »

La *Patrie* du 17 contenait encore ce qui suit :

« Parmi les individus arrêtés à la suite de l'attentat

du 14, il en est surtout quatre qui paraissent plus particulièrement compromis. Voici leurs noms : le comte Orsini, Pierri, Antoine Gomez, domestique d'Orsini, et da Silva. Celui-ci paraît être un Vénitien, dont le véritable nom serait Rudio. On assure qu'une femme, maîtresse de ce dernier, dit-on, aurait aussi été arrêtée.

« Orsini prend le titre de comte, et dit appartenir à l'ancienne famille Orsini. C'est un homme d'assez haute taille, s'exprimant avec beaucoup de facilité et mis avec assez de recherche. Sa figure est pleine; il porte une chevelure épaisse et des favoris noirs. Ses yeux sont petits et brillants. L'ensemble de sa personne est d'un homme distingué.

« L'inculpé Orsini a été grièvement blessé au visage par l'explosion d'une des bombes. Le haut de sa tête est enveloppé d'un bandeau et sa figure est entourée d'une mentonnière.

« On assure que Pierri, arrêté cinq minutes avant l'attentat, avait exercé à Paris la profession de bottier jusqu'en 1852, date de son expulsion.

« Le bruit courait aujourd'hui au palais que l'instruction relative à l'attentat se poursuivait si activement que l'on pouvait supposer qu'elle serait très-prochainement terminée.

« On ajoutait encore que le procès des inculpés, arrêtés depuis jeudi, serait jugé dans la première session du mois de février par la Cour d'assises de la Seine et sous la présidence de M. le président Haton. »

De son côté, *le Droit* du même jour disait :

« A onze heures du soir, étaient réunis à la préfecture de police M. de Royer, ministre de la justice, M. Billaut, ministre de l'intérieur; M. Piétri, préfet de police; M. Chaix-d'Est-Ange, procureur général; M. de Cordouën, procureur impérial; M. Treilhard, juge d'instruction et M. Nusse, l'utile auxiliaire du préfet de police.

« Il a été procédé immédiatement à une instruction qui a duré toute la nuit. Disons d'abord que cette instruction a eu pour résultat de démontrer, à l'honneur de notre pays, *qu'aucun Français* ne s'était rendu coupable du lâche guet-à-pens qui a inondé de sang la rue Lepelletier et qui devait avoir pour but dans la pensée de ses auteurs l'assassinat de l'empereur. S'il faut en croire les premiers renseignements, ce serait encore à des Italiens que la France devrait imputer ce nouveau crime, qui dépasse en atrocité ceux qui l'ont précédé.

« M. Treilhard a procédé à l'audition des témoins et à l'interrogatoire de Pierri.

« On a su que, dans la soirée, un homme blessé s'était présenté dans la pharmacie de la rue Lepelletier; qu'après avoir fait panser sa blessure, il avait quitté la pharmacie sans prévenir personne. Quelques instants après, un autre homme se présentait tout ému dans la pharmacie, demandant des nouvelles de son maître qu'il disait blessé et qu'il signalait de manière à le faire reconnaître. Un de ceux auxquels il s'adressait lui demanda le nom de son maître. A cette question, le domestique se troubla et refusa de répondre. A la nouvelle interpellation qui lui fut adressée, menacé d'une arrestation, cet homme fut saisi d'un tremblement convulsif et s'évanouit. Revenu à lui et interpellé d'une manière pressante, il déclara que son maître était le comte Orsini. A trois heures du matin le comte Orsini était arrêté.

« Deux autres Italiens qui, comme les deux premiers, dissimulaient leurs noms et leur nationalité sous des noms et des nationalités d'emprunt furent également arrêtés dans la nuit.

« On a saisi sur plusieurs de ces individus ou à leurs domiciles des sommes d'argent et des valeurs importantes; on a saisi également des poignards, des revolvers et une bombe semblable à celle saisie sur Pierri.

« Il est à croire que l'instruction sera promptement terminée et que l'affaire pourra être classée dans la session des assises de la Seine qui aura lieu du 1er au 15 février. »

Pendant que tous les corps officiels adressaient, suivant l'usage, des adresses de condoléance et de félicitation à l'Empereur, et que des *Te Teum* étaient chantés dans toutes les églises de France pour remercier les dieux du miracle qu'ils venaient d'opérer en faveur de notre pays, l'instruction du procès se poursuivait activement et le *Droit*, dans son numéro du 20, c'est-à-dire cinq jours après l'attentat, ajoutait ces lignes caractéristiques :

« Il est certain que l'accusation se concentre sur les quatre Italiens signalés, comme ayant été les seuls auteurs du monstrueux attentat du 14 janvier. Il est également certain que nul à Paris n'avait reçu de ces hommes la confidence de leur forfait. »

III

A cette époque, nous l'avons dit déjà, les journaux étaient dans une telle dépendance de l'autorité que défense leur fut faite de s'occuper de l'attentat du 14 janvier autrement que pour reproduire les récits officiels.

Un seul avait la parole, parce qu'il était l'organe du chef de l'État. C'était le *Moniteur*. Voici ce qu'il disait à la date du 30 janvier :

« L'attentat du 14 janvier a eu des résultats bien différents de ceux qu'en espéraient les auteurs. Il n'a servi qu'à consolider ce qu'ils voulaient abattre. L'horreur universelle qu'il a excitée a été partout suivie des plus éclatantes manifestations pour l'Empereur et pour l'Impératrice. Le peuple, la garde nationale, l'armée, toutes les classes de la nation se sont associés aux grands corps de l'État dans l'expression des mêmes sentiments. On peut dire que l'Europe entière les a partagés. Tous les souverains se sont empressés d'envoyer des personnages éminents de leurs cours porter leurs félicitations à l'Empereur et à l'Impératrice ; les villes les plus importantes par leur commerce et par leur population n'ont pas voulu rester en arrière, et pour que rien ne manquât à ce concert de manifestations, la presse de tous les pays [1] a porté le même jugement sur le crime et sur ses conséquences.

« Après la protection évidente dont la Providence a couvert les jours de Leurs Majestés, rien ne pouvait être à la fois plus consolant et plus rassurant que de voir ainsi tous les cœurs, tous les bras d'une grande nation se presser autour de son souverain et lui prodiguer à lui et à sa race les témoignages les plus incontestables d'amour et de fidélité ; car les manifestations dont l'Empereur et l'impératrice sont partout l'objet ne s'adressent pas seulement à la personne de Leurs Majestés, elles s'adressent surtout à la dynastie et à la famille impériale, elles s'adressent à cet enfant de la France dont la naissance a été acclamée jusque dans les derniers hameaux, comme un gage de sécurité et d'avenir pour le pays.

« Si je succombais, l'empire serait encore affermi par
« ma mort même ; car l'indignation du peuple et de l'ar-

---

[1] En France il n'y en avait pas.

« mée serait un nouvel appui pour le trône de mon
« fils. »

« Ces mémorables paroles de l'empereur, à l'ouverture de la session législative avaient leur écho dans tous les cœurs ; on en trouve la pensée dans toutes les adresses, particulièrement dans celles de l'armée [1] gardienne fidèle de nos institutions ; l'armée, dans sa noble franchise, déclare qu'elle n'a pas seulement prêté serment à l'empereur, mais encore à l'empire, au fils de l'empereur et à sa dynastie, et qu'elle les défendra [2] comme elle défend aujourd'hui le chef auguste qui lui a rendu ses aigles et sa gloire.

« Aussi Napoléon 1er disait-il avec raison que, s'il eût été son petit-fils, il se serait relevé du pied des Pyrénées. On sait par quelle éclatante manifestation ces paroles prophétiques se sont réalisées. Malgré le temps écoulé depuis la chute du trône impérial, la France n'a pas été plutôt maîtresse d'elle-même qu'elle s'est empressée de le rétablir et d'y asseoir l'héritier de l'empereur.

« Et ce n'est pas seulement en France que le trône impérial repose sur l'assentiment public. L'Europe entière, qui s'était liguée jadis pour le renverser, y voit aujourd'hui la plus solide garantie de son repos et de sa prospérité. Elle n'avait pas attendu l'explosion du dernier

---

1. Pourquoi donc plus celles de l'armée que les autres?
2. Contre qui?

attentat pour manifester ses sentiments. L'accueil que l'Empereur a reçu de toutes les classes de la population dans ses voyages en Angleterre et en Allemagne en est une preuve irrécusable.

« Contre un pareil accord des souverains et des peuples, que peut la démagogie avec ses sicaires? Ceux qui arment le bras de quelques forcenés peuvent-ils gagner les sympathies de la France en essayant de la frapper au cœur?

« Le but des assassins étrangers est de bouleverser l'ordre en France afin de révolutionner l'Europe, s'ils ont pu se bercer d'une pareille illusion, l'effet produit par leur dernière tentative a dû leur ouvrir les yeux; ils doivent être convaincus que l'ordre en France ne repose pas sur une seule tête, quelle que ferme qu'elle soit, et que les fauteurs du crime, s'ils avaient réussi, auraient consolidé l'empire et n'auraient rencontré dans tous les pays civilisés que l'exécration publique. »

Nous apercevons bien dans ces lignes la glorification du principe impérial, l'affirmation de sa légitimité, la superbe confiance que les fondateurs du second empire ont en sa durée, mais à coup sûr personne n'y verra plus que nous une accusation contre les républicains français et une allusion qui pût nous faire penser que le gouvernement crût à leur participation dans l'attentat du 14 janvier.

C'est qu'en effet tout se réunit pour établir qu'ils y

ont été complétement étrangers, et eux et les différents membres des autres partis hostiles à l'empire. Comme nous l'avons dit plus haut, dès le premier jour, l'instruction l'a démontré, et le procès que nous allons rapidement analyser nous en donnera la certitude.

IV

Le journal des *Débats* du 14 février publiait la note suivante :

« L'instruction du procès relatif à l'attentat du 14 janvier est terminée. La chambre des mises en accusation a entendu hier le rapport que lui a présenté M. Sallé, substitut du procureur général sur le résultat de cette instruction, et, en conséquence de ce rapport, la cour a rendu un arrêt par lequel elle renvoie devant la Cour d'assises de la Seine les nommés Joseph Pierri, Charles de Rudio, Antoine Gomez, Félix Orsini et Simon-François Bernard. Ce dernier accusé est absent.

« Ces cinq individus sont accusés d'avoir formé un complot, ayant pour but un attentat contre la vie de l'Empereur et de l'Impératrice. Rudio, Gomez et Orsini sont de plus accusés d'avoir commis cet attentat. En outre, ces trois derniers individus sont accusés d'avoir commis le crime d'assassinat sur différentes personnes.

« Le nombre des personnes atteintes dans la soirée du

14 janvier s'élève à 156, sur lesquelles 8 ont succombé à leurs blessures.

« On présume que l'affaire sera portée aux assises pendant la deuxième quinzaine de ce mois : mais le jour n'est pas encore fixé. »

En effet, les seuls auteurs de l'attentat étaient Pierri, Rudio, Gomez et Orsini.

Et nous disons les seuls auteurs de l'attentat, car le docteur Simon Bernard, proscrit Français, qui était à cette époque réfugié à Londres, arrêté par la police anglaise dès le commencement du mois de février à la requête du ministère de l'Intérieur français sous la prévention de complicité avec Orsini, Pierri, Rudio et Gomez, et successivement traduit devant les tribunaux répressifs pour délit de conspiration, devant la cour criminelle centrale, sous la prévention de tentative de meurtre, et enfin devant la cour du banc de la reine, pour avoir participé à l'attentat du 14 janvier, fut partout acquitté aux applaudissements du peuple anglais qui se pressait en foule aux débats de ces divers procès qui durèrent plusieurs mois et occupèrent trente ou quarante audiences de la fin de février à la fin d'avril.

On se souvient encore en France de l'effet produit par cet acquittement; le gouvernement, comme cela était du reste son droit, avait mis tout en œuvre pour prouver une culpabilité qu'il soupçonnait. Des quantités considérables de témoins, de Rudio lui-même, furent conduits en Angleterre. Le grand jury de ce grand pays écouta tout, et en son âme et conscience prononça sans hésiter un verdict d'acquittement. Il nous semble inutile de faire remarquer ici le rang considérable qu'occupe la justice anglaise, considérée même comme justice politique, dans l'histoire de l'humanité, tant à cause de la loyauté, de la sincérité qui président à ses délibérations que pour les garanties qu'elle assure aux accusés !

V

C'est le 25 février que s'ouvrirent devant la Cour d'assises de la Seine les débats du procès des auteurs de l'attentat du 14 janvier, sous la présidence de M. le premier président Delangle, et en présence d'un auditoire nombreux dans lequel on remarquait des personnages officiels de la couronne, des maréchaux, des chambellans, etc., etc.

M. le procureur général Chaix-d'Est-Ange occupait le siége du ministère public.

1º Félix Orsini, homme de lettres, âgé de trente-neuf ans, né à Meldola (États-Romains), était défendu par Mᵉ Jules Favre.

2º Charles de Rudio, âgé de vingt-cinq ans, professeur

de langues, né à Bellune (États de Venise), était défendu par Mᵉ Mathieu, avocat d'office.

3° Antoine Gomez, âgé de vingt-neuf ans, né à Naples (Italie), était défendu par Mᵉ Nicolet, avocat d'office.

4° Joseph-André Pierri, professeur de langues, né à Lucques (Toscane), était défendu par Mᵉ Nogent-Saint-Laurent, avocat d'office.

Tout le monde comprenait que l'âme du complot, le véritable chef de l'entreprise était Orsini, patriote ardent et qui, toute sa vie, avait lutté pour la délivrance de l'Italie.

Aussi ne saurions-nous mieux faire pour donner une idée exacte des origines et du but de l'attentat que de reproduire ici la déposition qu'il fit à l'audience. Elle respire du reste un air de fierté qui, à juste titre, saisit et émeut.

Sur l'interpellation du Président, Orsini prend la parole en ces termes :

« Permettez-moi de remonter un peu haut. Dès ma jeunesse, mes pensées, toutes mes actions n'ont eu qu'un objet, qu'un but, la délivrance de ma patrie, la vengeance contre l'étranger, les Autrichiens qui nous fusillent, qui nous tuent, qui nous égorgent. C'est dans ce but que j'ai été de toutes les conspirations jusqu'en 1848, et qu'après le renversement du pouvoir de Pie IX, j'ai été nommé membre de la convention romaine.

« Quand les Français, que nous avions toujours cousidérés comme des amis, ont débarqué en Italie, nous avons cru qu'ils nous tendraient la main ; mais ils n'ont pas tardé à devenir pour nous des ennemis acharnés. Dans une des nombreuses attaques dirigées contre nous, ils furent repoussés, et nous leur fîmes des prisonniers. Nous pensions toujours que la France est la première parmi les nations civilisées et libérales : que s'ils agissaient contre nous, c'était qu'ils y étaient entraînés, et nous rendîmes la liberté aux prisonniers, aux cris mille fois répétés de *vive la France, vive la liberté, vive l'Italie !*

« Comment ont-ils répondu à notre générosité ? Ils ont suspendu les hostilités pendant un mois, mais c'était pour attendre des renforts. Alors ils sont revenus à l'attaque mille contre dix ; messieurs, nous avons été juridiquement assassinés.

« Je suis allé ensuite en Piémont ; notre irritation contre les Français était passée, et nous écrivions toujours à Rome, dans toutes les conspirations qui se sont établies, d'épargner la garnison française. Si les papiers saisis par le gouvernement papal existent, on peut les retrouver, et l'on verra si je mens. J'ai toujours conspiré contre l'Autriche, jamais que contre l'Autriche. En 1853, je suis tombé dans les mains des Autrichiens en Hongrie ; ils m'ont jugé, ils m'ont condamné et j'allais être pendu quand j'ai trouvé le moyen de leur échapper.

« C'est alors que je suis venu en Angleterre, toujours avec cette pensée, avec cette manie, si vous voulez, d'être utile à ma patrie, de la délivrer et de n'exposer que moi. J'étais convaincu qu'il est inutile de faire fusiller des dix, des vingt hommes, comme le fait inutilement depuis longtemps Mazzini.

« J'ai voulu prendre les voies légales ; je me suis adressé à des pairs d'Angleterre. J'ai proposé une pétition au gouvernement pour le principe de non-intervention et pour faire cesser l'occupation française et autrichienne. Leurs sympathies m'étaient déjà acquises, quand la révolte de l'Inde a éclaté, et vous comprenez que cette question a pris en Angleterre le pas sur la question Italienne ; c'est naturel.

« En examinant les conditions politiques de tous les gouvernements de l'Europe, je me suis arrêté à cette idée qu'il n'y avait qu'un homme en position de faire cesser cette occupation de mon pays par l'étranger, que cet homme était Napoléon III, qui est tout-puissant en Europe, mais tout son passé me donnait la conviction qu'il ne voudrait pas faire ce qu'il pouvait faire. J'avoue donc franchement que je l'ai considéré comme un obstacle. Et alors je me suis dit qu'il fallait le faire disparaître.

« Je voulais, je l'ai dit, agir seul, mais j'ai reconnu que c'était impossible. Alors, autour de moi, il s'est trouvé des hommes qui ont connu mes projets, et qui s'y sont associés ; arrêtés, ils m'ont dénoncé. Quand je me suis vu trahi par eux, j'ai eu quelque sentiment de vengeance contre eux, et je les ai accusés ; mais aujourd'hui je regrette toute circonstance qui pouvait aggraver la position de mes co-accusés, je rétracte tout ce que j'ai pu dire contre eux, et j'offre ma personne en sacrifice à mon pays. »

Pour tout homme de bonne foi, ne ressort-il pas clairement de ce langage que le but unique que se proposaient les auteurs de l'attentat du 14 janvier était de supprimer ce qu'ils considéraient comme un obstacle à la réalisation des espérances de tous les patriotes de l'Italie. Le complot était avant tout italien, complétement étranger aux intérêts français, c'est là sur quoi nous ne nous lasserons d'insister dans tout le cours de ce travail.

A l'audience du 26 février, M. le procureur général Chaix-d'Est-Ange prononça son requisitoire et demanda la condamnation à mort de tous les accusés.

Les défenseurs prirent ensuite la parole. Seule, la défense présentée par M° Jules Favre mérite qu'on s'y arrête! D'abord, parce qu'elle a mérité que quelques jours après, le procureur général à la cour de cassation, M. Dupin dise d'elle « que l'éloquence prêta ses voiles aux sophismes les plus hardis, qu'en condamnant le crime on avait essayé de réhabiliter le criminel et que quand la justice et la loi, du même coup frappent et flétrissent le parricide, on avait entrepris, en face de l'échafaud qui se dresse pour la vindicte publique, d'élever une statue à la mémoire de celui qui doit y monter. » Ensuite parce qu'elle renferme une lettre adressée par Orsini à l'Empereur Napoléon III, lettre que nous devons reproduire, car elle est comme la consécration de la thèse que nous soutenons, à savoir que les républicains français sont restés complétement étrangers au complot dont ils ne devaient pas tarder cependant à être les victimes.

Du fond de son cachot de Mazas, Orsini adressait en effet à Napoléon III, Empereur des Français, les lignes suivantes qui, ainsi que le faisait remarquer Mᵉ Jules Favre, sont comme « son testament et sa prière dernière. »

« Les dépositions, Sire, que j'ai faites contre moi-même dans ce procès politique, intenté à l'occasion de l'attentat du 14 janvier, sont suffisantes pour m'envoyer à la mort, et je la subirai, sans demander grâce, tant parce que je ne m'humilierai jamais devant celui qui a tué la liberté naissante de ma malheureuse patrie, que parce que, dans la situation où je me trouve, la mort est pour moi un bienfait.

« Près de la fin de ma carrière, je veux néanmoins tenter un dernier effort pour venir en aide à l'Italie, dont l'indépendance m'a fait, jusqu'à ce jour, braver tous les périls, aller au-devant de tous les sacrifices. Elle fut l'objet constant de toutes mes affections, et c'est cette dernière pensée que je veux déposer dans les paroles que j'adresse à Votre Majesté.

« Pour maintenir l'équilibre actuel de l'Europe, il faut rendre l'Italie indépendante, ou resserrer les chaînes sous lesquelles l'Autriche la tient en esclavage. Demanderai-je pour sa délivrance que le sang des Français soit répandu pour les Italiens? Non, je ne vais pas jusque-là. L'Italie demande que la France n'intervienne pas contre elle; elle demande que la France ne permette pas à l'Allemagne d'appuyer l'Autriche dans les luttes qui vont peut-être bientôt s'engager. Or, c'est précisément ce que Votre Majesté peut faire, si elle le veut. De cette volonté dépendent le bien-être ou les malheurs de ma patrie, la vie ou la mort d'une nation à qui l'Europe est en partie redevable de sa civilisation.

« Telle est la prière que, de mon cachot, j'ose adresser à Votre Majesté, ne désespérant pas que ma faible voix soit entendue. J'adjure Votre Majesté de rendre à la patrie l'indépendance que ses enfants ont perdue en 1849, par la faute même des Français.

« Que Votre Majesté se rappelle que les Italiens, au milieu desquels était mon père, versèrent avec joie leur sang pour Napoléon le Grand partout où il lui plut de les conduire, qu'elle se rappelle qu'ils lui furent fidèles jusqu'à sa chute, qu'elle se rappelle que, tant que l'Italie ne sera pas indépendante, la tranquillité de l'Europe et celle de Votre Majesté ne seront qu'une chimère. Que Votre Majesté ne repousse pas le vœu suprême d'un patriote sur les marches de l'échafaud, qu'elle délivre ma patrie, et les bénédictions de vingt-cinq millions de citoyens la suivront dans la postérité. »

« De la prison de Mazas, 11 février 1858.

« Félix Orsini. »

Malgré les généreux efforts de leurs défenseurs, les accusés furent condamnés : Orsini, de Rudio et Pierri à la peine de mort; Gomez aux travaux forcés à perpétuité.

Le 11 mars, la Cour de cassation rejeta purement et simplement le pourvoi formé par les condamnés. Seul de Rudio vit sa peine commuée en celle des travaux forcés à perpétuité. Orsini et Pierri furent exécutés le 14 mars. Ils surent mourir tous deux avec courage. Pierri entonna, en allant au supplice, le chant des Girondins; Orsini, avant de se livrer aux bourreaux, dit adieu à la vie en unissant la France et l'Italie dans un même cri d'allégresse.

VI

Les faits qui précèdent et que nous avons eu soin de résumer à l'aide des documents les plus officiels, nous semblent et paraissaient à tous, en 1858, déterminer le caractère spécial de l'attentat du 14 janvier. N'était-il pas, et n'est-il pas encore certain, même aux yeux des amis du premier degré de l'Empire, que ce n'était pas l'œuvre de Français qui voulaient se venger par un assassinat de celui qui les avait vaincus par la force? Aucune méprise n'était possible : l'Empire n'avait en face de lui que des Italiens qui, pensant que l'occupation austro-française à Rome était un obstacle permanent à la conquête de leur indépendance, voulaient en finir avec celui qu'ils considéraient comme la seule force de cette occupation, qui, jusqu'à ce jour, avait étouffé la révolution italienne, et était, par conséquent, la cause de leurs malheurs, de leur misère et de leur honte. Mais n'était-il pas péremptoirement démontré qu'aucun Français ne les avait aidés ou assistés dans l'accomplissement de leur acte? Sans doute, nous aurions le devoir de protester contre cette théorie qui consisterait à rendre responsables tous les républicains français des fautes d'un de leurs concitoyens. Mais, dans la situation actuelle, cette protestation n'est même pas nécessaire, puisque, comme nous l'avons vu plus haut, les tribunaux anglais, après de longs débats, qui ont duré plusieurs mois et ont occupé de nombreuses audiences, ont fait justice de la prétendue complicité du docteur Simon Bernard.

L'exécution d'Orsini et de Pierri, la condamnation de de Rudio et de Gomez, semblaient donc être suffisantes pour donner pleine et entière satisfaction à la vindicte légale. Il n'en fut pas ainsi. Et ce que nous allons raconter, n'est que l'histoire des violences, des douleurs et des chagrins dont furent frappés des hommes qui n'avaient commis d'autre crime que d'être fidèles à leur foi et à leur devoir.

CHAPITRE III.

LA LOI DE SURETÉ GÉNÉRALE.

Rapprochement entre les suites de l'attentat du 14 janvier et celles de l'explosion de la machine infernale. — Discours de l'Empereur. — M. Billault, ministre de l'intérieur. — Suppression de la *Revue de Paris* et du *Spectateur*. — Le général Espinasse, ministre de l'intérieur et de la *sûreté générale*. — Circulaires aux préfets. — La loi de sûreté générale. — M. de Morny. — La Terreur.

I

Nous nous sommes principalement attaché, jusqu'ici, à montrer que tout se réunissait pour établir que non-seulement la France était restée étrangère à l'attentat du 14 janvier, mais que, dès le lendemain de cet attentat, l'instruction l'avait prouvé, de la façon la plus incontestable, ce que personne, du reste, n'a jamais mis en doute.

On devait donc s'attendre à ce que le gouvernement, satisfait par le châtiment que devaient subir les vrais et les seuls coupables, épargnerait les innocents. Mais les traditions du Consulat et de l'Empire étaient trop vivaces encore pour qu'il en fût ainsi. Le second Empire a toujours aimé s'inspirer des traditions du premier. Dans la famille impériale, Bonaparte, premier consul ou empereur, est un Dieu dont les paroles et les actes sont sacrés. Il existe une bible Napoléonienne, dont on fait avec amour l'application, sans se préoccuper si ce qui était possible à une époque, le sera toujours.

Or, le premier consul Bonaparte avait été, on s'en souvint, au mois de décembre 1800, l'objet d'un attentat royaliste connu sous le nom d'*explosion de la machine infernale*. A cette époque, trois assassins aux gages du parti royaliste, Carbon, Limoëlan et Saint-Réjant, firent éclater, sous la voiture du Premier Consul, qui traversait la rue Saint-Nicaise pour se rendre aussi à l'Opéra, un baril de poudre, chargé de mitraille. A ce moment, quoique l'instruction eût démontré que le parti républicain était resté complétement étranger à cette tentative de meurtre, que le parti royaliste, seul, y avait prêté les mains, l'homme étrange qui présidait alors aux destinées de la France, n'entendant pas, disait-il, « faire de la métaphysique judiciaire », fit dresser une liste des cent trente-six républicains qui lui paraissaient les plus hostiles, et, par un arrêté du 14 nivôse, déportait, sans autre forme de procès, les individus inscrits sur cette liste. Il avait eu soin de faire proclamer, par son sénat, cette mesure « conservatrice de la Constitution ». C'est ce même sénat qui, quinze ans plus tard, proclama sa déchéance.

Le neveu du Premier Consul, oubliant non-seulement que l'attentat du 14 janvier n'avait pas même eu, comme celui du 3 nivôse, des Français pour auteurs ou complices, mais que l'histoire a flétri l'acte de son oncle, ne craignit pas de s'en inspirer, et, nous osons le dire, sans nécessité pour lui-même, sans justification, comme sans prétexte.

Ainsi continua, sur toute l'étendue de la France, la série des proscriptions, des exils et des transportations, qui, commencées au 19 brumaire et au 14 nivôse, s'étaient poursuivies, sur des proportions infiniment supérieures, en décembre 1851 et en janvier 1852.

Alors se révéla au sein de notre malheureux pays l'existence de toute une classe de suspects. Quiconque avait été républicain et conservait sa foi politique; quiconque avait défendu le droit en 1851; quiconque avait été à cette date funèbre frappé par les vainqueurs; tous ceux qui, renfermés dans leur foyer domestique, attendaient le retour de la liberté; ceux surtout qui, l'année précédente, avaient osé prendre part à la lutte électorale, tous ces suspects purent trembler pour leur fortune et leur liberté. L'heure était venue où, sans motifs, sans explications, sans jugement, en pleine paix, ils allaient être jetés par centaines dans les geôles du pouvoir et de là transportés à Cayenne ou en Afrique.

II

Au moment de l'attentat, on était à la veille de l'ouverture de la session législative. Les Chambres, en effet, s'ouvrirent le 18 janvier. A cette occasion, le chef de l'État prononça sa harangue accoutumée. Jamais, peut-être, il n'avait écrit de sa vie des lignes où respire une semblable colère. Nous avons le devoir, pour donner une idée du ton général de ce discours, d'en citer l'extrait suivant :

« D'ailleurs, il est une vérité écrite à chaque page de l'histoire de la France et de l'Angleterre : c'est qu'une liberté, sans entraves est impossible tant qu'il existe dans un pays une faction obstinée à méconnaître les bases fondamentales du gouvernement. Car alors la liberté, au lieu d'éclairer, de contrôler, d'améliorer, n'est plus dans la main des partis qu'une arme pour renverser.

« Aussi, comme je n'ai pas accepté le pouvoir de la nation dans le but d'acquérir cette popularité éphémère, prix trompeur de concessions arrachées à la faiblesse, mais afin de mériter un jour l'approbation de la postérité en fondant en France quelque chose de durable, je ne crains pas de vous le déclarer aujourd'hui, *le danger, quoi qu'on dise, n'est pas dans les prérogatives excessives du pouvoir, mais plutôt dans l'absence des lois répressives;* ainsi, les dernières élections, malgré leur résultat satisfaisant, ont offert en certains lieux un affligeant spectacle. Les partis hostiles en ont profité pour agiter le pays, et on a vu quelques hommes, s'avouant hautement ennemis des institutions nationales, tromper les électeurs par de fausses promesses et, après avoir brigué leurs suffrages, les rejeter ensuite avec dédain. Vous ne permettrez pas qu'un tel scandale se renouvelle, et vous obligerez tout éligible à prêter serment à la Constitution avant de se porter candidat.

« La pacification des esprits devant être le but constant de nos efforts, vous m'aiderez à rechercher *les moyens de réduire au silence les oppositions extrêmes et factieuses.*

« En effet, n'est-il pas pénible dans un pays calme, PROSPÈRE, RESPECTÉ en Europe, de voir d'un côté des personnes décrier un gouvernement auquel elles doivent la sécurité dont elles jouissent, tandis que d'autres ne profitent du libre exercice de leurs droits politiques que pour miner les institutions ?

« J'accueille avec empressement, sans m'inquiéter de leurs antécédents, tous ceux qui reconnaissent la volonté nationale; quant aux provocateurs de troubles et aux organisateurs de complots, qu'ils sachent bien que leur temps est passé !

« Je ne puis terminer sans vous parler de la criminelle tentative qui vient d'avoir lieu. Je remercie le ciel de la protection visible dont il nous a couverts l'impératrice et moi, et je déplore qu'on fasse tant de victimes pour attenter à la vie d'un seul. Cependant ces complots portent avec eux plus d'un enseignement utile : le premier, c'est que les partis qui recourent à l'assassinat prouvent par ces moyens désespérés leur faiblesse et leur impuissance ; le second, c'est que jamais un assassinat, vînt-il à réussir, n'a servi la cause de ceux qui avaient armé le bras des assassins. Ni le parti qui frappa César, ni celui qui frappa Henri IV ne profitèrent de leur meurtre. Dieu permet quelquefois la mort du juste, mais il ne permet jamais le triomphe de la cause du crime. Aussi ces tentatives ne peuvent troubler ni ma sécurité dans le présent, ni ma foi dans l'avenir : si je vis, l'empire vit avec moi, et si je succombais, l'empire serait encore affermi par ma mort même, car l'indignation du peuple et de l'armée serait un nouvel appui pour le trône de mon fils.

« Envisageons donc l'avenir avec confiance; livrons-nous, sans préoccupations inquiètes, à nos travaux de tous les jours pour le bien et la grandeur du pays. Dieu protége la France. »

Personne n'eut le droit d'apprécier ce discours. Le chef *responsable* de l'État ne souffre pas qu'on discute sa responsabilité. Il avait parlé ; cela devait suffire.

Voulez-vous avoir une idée des droits de la presse en 1858? Voici le commentaire dont le journal des *Débats* fait suivre ce discours :

« L'une des parties les plus importantes du discours de l'empereur, est celle qui traite de la situation du pays, des principes qui conduisent le gouvernement dans sa politique intérieure et d'une modification proposée à la loi électorale. »

Et puis? c'est tout.

Nous manquerions cependant à notre devoir si nous ne transcrivions ici l'appréciation qu'en fait le *Moniteur* :

« Il est impossible, dit en effet la feuille officielle, de rendre l'impression produite par le discours de l'empereur. L'Assemblée, transportée d'admiration et d'enthousiasme, s'est levée comme un seul homme et a fait entendre à plusieurs reprises ces cris que la France entière répétera : « Vive l'empereur! vive l'impératrice! vive le prince impérial! vive la dynastie impériale! »

Quoi qu'il en soit, ce discours fut le signal des mesures de terreur dont nous nous proposons de rédiger le procès-verbal.

III

M. Billault était alors ministre de l'intérieur. Nous savons la liberté dont jouissait la presse. Nous ne connaissons pas encore tout. Beaucoup ignorent sans doute que certains journaux n'avaient pas même la liberté du silence. Or, il y avait à cette époque deux journaux qui avaient la mauvaise fortune d'avoir pour rédacteurs des citoyens qui, à tort ou à raison, passaient pour être, soit des républicains, soit des membres des anciens partis monarchiques. Ils devaient mourir ! Les pièces suivantes constatent leurs crimes et contiennent leur jugement et leur exécution :

« Sire,

« Quand un attentat, comme celui du 14 janvier, vient effrayer le monde, et montrer aux plus incrédules quelle sauvage anarchie voudrait par l'assassinat s'imposer à la France, chacun attend du gouvernement qu'il se recueille et pourvoie à de tels dangers.

« Sans se laisser entraîner par l'indignation publique, il faut, avec cette modération calme, mais ferme, qui proportionne à la gravité du mal l'énergie des remèdes, bien se rendre compte du péril, et puis savoir agir.

« Le péril flagrant, Sire, est dans cette inépuisable secte d'assassins, se recrutant au grand jour à quelques lieues de nos frontières et envoyant en peu d'heures, jusqu'au cœur de Paris, ses séides et leurs effroyables instruments de mort.

« Ce qui les encourage, ce qui encourage surtout ceux qui les payent et les dirigent, c'est ce fol espoir dans lequel ils sont entretenus que l'émeute, lorsqu'ils auraient brisé le lien puissant qui l'a déjà vaincue, leur livrerait Paris, la France, une partie de l'Europe. Cet espoir sans fondement, en face d'un gouvernement résolu, d'une armée dévouée, d'un peuple satisfait, ne se soutient d'un côté que par l'action d'une démagogie travaillant sans cesse à s'organiser, à répandre l'agitation, de l'autre par l'imprudente opposition de ces débris des anciens partis qui attendent eux-mêmes tout aussi follement de l'anarchie une résurrection impossible.

« Pour parer une telle situation, diverses mesures vont être soumises à l'examen de Votre Majesté. Toutefois, il en est une, que nos lois permettent dès aujourd'hui, c'est de ne plus tolérer que certains journaux soient, entre les mains de quelques meneurs peu nombreux, mais infatigables, les instruments quotidiens du travail démagogique, les organes presque officiels de toutes leurs excitations directes ou indirectes. Il ne faut pas non plus que, d'un autre côté, attaquant sans relâche, sous des formes habilement déguisées, la nouvelle dynastie et la constitution que s'est donnée le pays, on s'obstine à montrer en espérance comme des réalités encore possibles et prochaines des prétentions tombées désormais sans retour dans le néant du passé.

« Parmi les journaux français, il est facile de compter quels sont ceux dont le travail, plus ou moins voilé, prépare, autant qu'il est en eux, les voies à d'autres espérances que celles de la durée de l'empire.

« Tant que la libre Angleterre a eu à redouter pour la

famille, qui règne aujourd'hui sur elle, les attaques ou les intrigues des amis d'un prétendant, cette liberté, dont elle est si fière, s'est effacée derrière des rigueurs énergiques. — Votre gouvernement, sire, est aujourd'hui, comme celui d'Angleterre le fut longtemps encore après Guillaume III, dans le cas évident de légitime défense : l'attentat du 14 janvier ne le prouve que trop. Nous manquerions à notre devoir si, dès à présent, nous ne nous servions pas dans l'intérêt de la société des armes que la législation actuelle nous donne, et je viens demander à Votre Majesté de faire immédiatement du décret de 1852 sur la presse une application sévère.

« Une revue qui, fondée à peine depuis deux ans comme organe politique, a, dès le lendemain du jour où je l'avais autorisée, oublié les engagements formels pris par ses gérants et livré ses colonnes aux plus détestables inspirations de la démagogie, la *Revue de Paris*, cherche aujourd'hui à se faire le centre d'une sorte d'agitation par correspondance, dont le gouvernement vient de trouver les *traces* dans plusieurs départements ; elle continue d'ailleurs avec constance son œuvre de propagande, et son dernier numéro contient encore la glorification *des souvenirs et des espérances de la pensée républicaine.* — Depuis deux ans, plusieurs fois avertie, puis suspendue, elle ne peut être désormais que supprimée ; le décret du 17 février 1852 permet cette suppression, et je demande à Votre Majesté de la prononcer.

« Un journal qui, sous une tout autre bannière, n'a cessé, depuis le rétablissement de l'Empire, de faire aux nouvelles institutions qu'a sanctionnées la volonté nationale une guerre sourde, mais continue, le *Spectateur* (l'ancienne *Assemblée nationale*), persistant à tenir levé drapeau contre drapeau, trouve hier encore, au milieu des paroles d'horreur que lui inspire l'attentat du 14 janvier, l'occasion *de protester de nouveau en faveur des principes qu'il défend*, et, sans tenir compte de l'histoire, oubliant l'assassinat d'Henri III, d'Henri IV et du duc de Berry, il ajoute : — « qu'autrefois ces détestables passions trou-
« vaient un frein dans cette loi salutaire de la monar-
« chie qui, en plaçant au-dessus de tous les change-
« ments et de toutes les ambitions le principe d'hérédité,
« rendaient ces crimes inutiles et leur ôtait en quelque
« sorte toute raison de se produire.... »; c'est par trop oublier que l'hérédité de la couronne dans la famille impériale est le principe fondamental écrit par huit millions de suffrages dans notre constitution.

« Ce journal, déjà averti cinq fois et deux fois suspendu, me semble devoir être, lui aussi, frappé de suppression.

« Ces mesures de sévérité, Sire, sont légitimes. Le gouvernement d'une grande nation ne doit pas plus se laisser mener sourdement par les habiletés de la plume qu'attaquer violemment par les brutalités sauvages des conspirations.

« Je suis avec respect....

« *Le ministre d'État au département de l'intérieur,*

« *Signé :* Billault. »

Ainsi il n'y a pas de doute possible. C'était bien l'attentat du 14 janvier qu'on voulait punir dans la personne de ceux qu'on savait y être restés complétement étrangers. Le ministre Billault le déclare : « L'empire manquerait à son devoir s'il ne frappait pas. » Son rapport fut naturellement suivi d'un décret conforme qui supprimait la *Revue de Paris* et le *Spectateur*.

IV

Mais engagé dans cette voie, la suppression des journaux pouvait-elle être une satisfaction suffisante ? Il est une certaine classe de citoyens qui depuis quatre-vingts ans n'ont jamais manqué dans notre pays. Ce sont ceux qui, malgré leur défaite, leurs souffrances, leurs tribulations, malgré tout, conservent au fond de l'âme l'amour de la patrie et de la liberté, le respect de la justice et le culte du droit. On sait combien il y avait encore d'hommes qui regrettaient le passé, qui portaient au cœur le deuil de la république. C'étaient là les adversaires que le premier Bonaparte avait frappés en nivôse, et que le second Empire n'avait cessé de redouter.

Les prisons en étaient déjà encombrées, des arrestations avaient eu lieu en masse. Certes, les hommes, alors en place, y compris M. Billault, n'avaient manqué ni d'énergie, ni d'activité, ni de dévouement. — En général, du reste, tous ceux qui ont à se faire pardonner un passé qu'ils ont renié, sont des hommes sur lesquels on peut compter dans la répression. On fut donc véritablement ingrat envers M. Billault, en le jugeant insuffisant pour remplir la tâche qui allait être dévolue au ministre de l'intérieur.

On pensa cependant peut-être que, pour faire une besogne de la nature de celle à laquelle on se préparait, il était indispensable d'avoir sous la main un de ces hommes qui, habitués au commandement et à l'obéissance passive, ne se laissent point influencer par les idéologues et les phraseurs, et agissent sans discussion.

L'Empire n'en manquait pas. Il avait à sa disposition tout l'état-major du coup d'État, tous ces brillants généraux que, d'un trait de plume, alors qu'il n'habitait encore que l'Élysée, Louis-Napoléon Bonaparte s'était donné le plaisir de créer, puisque ceux qui existaient étaient tous devenus ses ennemis, et qu'il y avait ainsi nécessité impériale à en purger la France. On sait que ces colonels ou généraux de fraîche date ne s'étaient point montrés ingrats envers celui qui les avait élevés, et on n'ignore pas davantage comment ils avaient gagné leurs éperons dans les rues de Paris en décembre

1851[1]. Les Magnan, les Canrobert, les De Cotte, les Marulaz, les Forey, les Herbillon, les Dulac, les Espinasse et bien d'autres s'étaient fait un nom.

On jeta les yeux entre tous, sur le général Espinasse. C'est lui qui, à la tête du 42e de ligne dont il était le colonel, avait le 2 décembre 1851 surpris nuitamment le palais de l'Assemblée et assuré l'arrestation des questeurs. Il était connu pour son énergie et pour son audace. Militaire avant tout, on savait qu'il ne faillirait pas à sa consigne. Il n'y avait pas failli, lorsqu'il s'agissait d'écraser à coups de canon le parti républicain qui se défendait au nom de la constitution et de la loi.

Comment dès lors aurait-il reculé, lorsqu'il ne s'agissait que de contre-signer des décrets de transportation, qui ne devaient même pas avoir le danger de la publicité?

C'est au moment même où la France était divisée en cinq grands commandements militaires, que le général Espinasse fut appelé au ministère de l'intérieur.

Le décret qui l'y appelait est du 7 février, vingt-trois jours après l'attentat. Il est remarquable dans sa teneur, en ce sens qu'il ajoute à la qualification de ministre de l'intérieur ces mots caractéristiques : « et de la sûreté générale, » comme pour chasser toutes les illusions et mieux marquer encore le but qu'on se proposait, en

---

1. Voir *Paris en décembre* 1851, par Eugène Ténot.

confiant à un soldat la surveillance et la garde du pays.

Cette précaution oratoire était du reste inutile, car le général Espinasse ne devait pas tarder à faire connaître lui-même au peuple français la nature de la tâche qui lui était attribuée.

Le surlendemain de sa nomination, le nouveau ministre de l'intérieur et de la sûreté générale adressait en effet à tous les préfets la circulaire suivante :

« Monsieur le Préfet,

« La confiance de l'Empereur m'appelle au ministère de l'intérieur. Cette confiance me crée un titre qui n'aurait besoin auprès de vous d'aucune sorte d'explication ; *mais le public se préoccupera peut-être de l'avènement d'un militaire à des fonctions purement civiles.* Assignons sa véritable signification à un fait dont il ne faut ni dénaturer ni atténuer le caractère.

« La France tranquille, prospère et glorieuse sous un gouvernement réparateur, *s'est abandonnée depuis dix ans à une confiance excessive peut-être sur l'apaisement des passions anarchiques* que l'énergie du souverain et la volonté solennelle du pays semblaient avoir refoulées dans le néant. La générosité de l'Empereur, multipliant les grâces et les amnisties, donnait elle-même un *gage à ce retour réel, mais incomplet, du calme et de l'union.*

« Un exécrable attentat est venu dessiller tous les yeux et nous a révélé les ressentiments sauvages, les *coupa-*

bles espérances qui couvent encore au sein du parti républicain.

« Ce parti, monsieur le Préfet, nous ne devons ni exagérer ni amoindrir ses forces. Son odieuse tentative vient de réveiller les appréhensions du pays : nous lui devons la garantie de sûreté *qu'il réclame.* Il n'est question ni de mesures discrétionnaires, ni de rigueurs superflues; il est besoin d'une surveillance attentive, incessante, empressée à prévenir, prompte et ferme à réprimer, calme toujours comme il convient à la force et AU DROIT; il faut enfin que nos populations, justement alarmées, sachent bien qu'aujourd'hui encore, *c'est aux bons à se rassurer, aux méchants seuls à trembler.* Telle est la partie la plus importante de ma tâche, monsieur le Préfet, *et par là s'explique le choix que l'Empereur a fait de moi.* La France veut le maintien de l'ordre, le respect des institutions qu'elle a consacrées par ses suffrages, la répression énergique des complots dirigés contre le souverain qu'elle s'est donné. Elle aura ce qu'elle exige.

« Je compte, pour atteindre ce but, sur votre concours énergique et soutenu, comme vous pouvez compter sur mon appui. Nous en avons mutuellement pour garant mon dévouement à l'Empereur et le vôtre.

« Agréez, monsieur le Préfet, etc.

« *Signé :* ESPINASSE. »

On peut juger par les termes de cette circulaire du

degré de colère qui animait à cette époque tous les actes du gouvernement impérial. Le rapport du ministre Billault, que nous avons cité plus haut, dépassait déjà toutes les bornes. Le langage du général Espinasse était bien fait pour apprendre à tous, qu'on ne voulait garder aucun ménagement. « Que les méchants tremblent et que les bons se rassurent. » Mais qui sont donc les méchants? Ne sont-ils pas dans ce moment devant les tribunaux? Ne vont-ils pas dans quelques jours porter leurs têtes sur l'échafaud? S'il y en a d'autres, pourquoi ne les traduit-on pas devant les cours d'assises? Pourquoi ne leur applique-t-on pas la loi commune? Pourquoi des menaces? Pourquoi des accusations? Au nom de quel droit agissait-on ainsi? Au nom du salut social? Mais avait-il été menacé par ceux qu'on se proposait de frapper?

V

Enchaîner, emprisonner, transporter sans droit, sans jugement, en vertu de la loi du plus fort, on l'avait fait avec succès en 1851 et 1852. Mais on préféra faire tout cela en vertu d'une loi. Il n'était pas difficile de l'obtenir du Corps législatif; et, du même coup, on le compromettait dans ce qu'on avait dessein de faire.

De cette pensée naquit la loi de sûreté générale.

On se souvient encore de ce qu'était le Corps législatif à cette époque : ses séances n'étaient pas publiques ; il ne formait qu'une majorité compacte, docile et complaisante, malade de la peur des révolutions. Il comprenait bien aussi une petite minorité, composée de MM. Ollivier et Darimon, alors encore fidèles à leur parti. Mais à quoi pouvaient aboutir leurs efforts ? La chambre qui, en entendant le discours de l'Empereur dont nous avons cité plus haut des extraits, « s'était levée comme un seul homme, transportée d'admiration et d'enthousiasme, » ne pouvait hésiter à obéir.

Dans sa séance du 1er février 1858, le Corps législatif reçut communication d'un projet de loi ainsi conçu :

Art. 1er. Est puni d'un emprisonnement de deux à cinq ans, et d'une amende de 500 fr. à 10 000 fr., tout individu qui a provoqué publiquement, d'une manière quelconque, aux crimes prévus par les articles 86 et 87 du Code pénal, lorsque cette provocation n'a pas été suivie d'effet.

Art. 2. Est puni d'un emprisonnement d'un mois à deux ans, et d'une amende de 100 à 2000 fr., tout individu qui, dans le but de troubler la paix publique ou d'exciter à la haine ou au mépris des citoyens les uns contre les autres, a pratiqué des *manœuvres* ou *entretenu des intelligences, soit à l'intérieur, soit à l'étranger.*

Art. 3. Tout individu qui, sans y être *légalement autorisé*, a fabriqué, débité ou distribué 1° des machines meurtrières agissant par explosion ou autrement, 2° de la poudre fulminante, quelle qu'en soit la composition, est puni d'un emprisonnement de six mois à cinq ans et d'une amende de 50 fr. à 3000 fr.

La même peine est applicable à quiconque est *trouvé détenteur ou porteur sans autorisation des objets ci-dessus spécifiés.*

Art. 4. Les individus condamnés par application des articles précédents, peuvent être interdits en tout ou partie des droits mentionnés en l'article 42 du Code pénal pendant un temps égal à la durée de l'emprisonnement prononcé.

Art. 5. *Tout individu, condamné* pour l'un des délits prévus par la présente loi, peut être PAR MESURE DE SURETÉ GÉNÉRALE INTERNÉ DANS UN DES DÉPARTEMENTS DE L'EMPIRE OU EN ALGÉRIE, OU EXPULSÉ DU TERRITOIRE FRANÇAIS.

Art. 6. Les mêmes mesures de sûreté générale peuvent être appliquées aux individus qui seront condamnés pour crimes et délits prévus 1° par les articles 86 à 101, 153, 154, paragraphe 1er, 209 à 211, 213 à 221 du Code pénal; 2° par les articles 3, 5, 6, 7, 8 et 9 de la loi du 24 mai 1834 sur les armes et munitions de guerre; 3° par la loi du 2 juin 1848 sur les attroupements; 4° par les articles 1 et 2 de la loi du 27 juillet 1849.

Art. 7. *Peut être interné dans un des départements de l'Empire ou en Algérie, ou expulsé du territoire français, tout individu qui a été soit condamné, soit interné, expulsé ou trans-*

porté par mesure de sûreté générale à l'occasion des événements de mai et juin 1848, *juin* 1849, *ou de décembre* 1851, *et* QUE DES FAITS GRAVES SIGNALENT DE NOUVEAU COMME DANGEREUX POUR LA SURETÉ PUBLIQUE.

Art. 8. Tout individu, interné en Algérie ou expulsé du territoire, qui rentre en France sans autorisation, peut être placé dans une colonie pénitentiaire, soit en Algérie, soit dans une autre possession française.

28 janvier 1858.

Signé : le Président du conseil d'État,

J. BAROCHE.

Ainsi, vous avez défendu la loi en 1851 ? vous vous êtes battus pour la République en 1848 et en 1849 ? vous n'êtes pas les amis de l'Empire ? vous êtes des suspects. C'est une loi qui va le proclamer.

Vous avez fait de la poudre, vous avez fabriqué des machines meurtrières ? vous êtes des criminels ! Non, vous n'avez fabriqué ni poudre, ni machines ? Vous n'en êtes que détenteurs ? Qu'importe ? Vous n'en êtes pas moins des criminels !

Mais, au moins, vous aurez des juges qui décideront s'il est vrai que vous êtes républicain, que vous avez fait de la poudre, que vous êtes rentré en France après en avoir été expulsé par le vainqueur, que vous vous êtes livré à des manœuvres et à des intelligences, soit à l'intérieur, soit à l'étranger ? Ou au moins si vraiment des faits graves vous signalent de nouveau comme dangereux pour la sûreté publique? Nullement. Le pouvoir même, qui se proclame votre ennemi, prononcera, sans même vous entendre, sans rendre votre condamnation publique! Et la conscience, et la morale, et vos familles, et la patrie, et les services rendus, et la justice, qu'importe tout cela!

M. le comte de Morny, président du Corps législatif, fut nommé président et rapporteur de la commission désignée pour examiner le projet de loi soumis à la Chambre. Cette tâche lui revenait de droit. Il en était digne à tous égards. Ce gentilhomme blasé, qui avait été l'un des instigateurs et l'exécuteur principal du coup d'État de décembre, ne pouvait que se sentir honoré et flatté d'être associé d'une façon intime à un acte qui en allait être la consécration.

Il s'en acquitta, du reste, avec une facilité et une ardeur qui gagnèrent, sans doute, à la Chambre la reconnaissance du chef de l'État. Le projet de loi avait été déposé le 3 février sur le bureau du Corps législatif; le 13, c'est-à-dire dix jours après, le rapport de la commission était parachevé. Les commissions en ce temps-là procédaient plus rapidement que de nos jours!

« Née et élaborée sous l'influence de l'attentat du 14 janvier, on a cru *cette loi* animée d'un esprit de colère et de persécution irréfléchi, » disait M. de Morny dans son rapport, « et avec une frayeur plus ou moins sincère, on la qualifiait déjà de LOI DES SUSPECTS. »

« Avant de définir son caractère, qu'il nous soit permis de dire combien ces suppositions sont injustes. *Jamais gouvernement ne s'est montré plus tolérant, plus insensible à l'hostilité des anciens partis*, et même si quelque chose pouvait lui être reproché, ce serait d'avoir, *par antipathie pour les mesures de rigueur*, trop ménagé les ennemis incorrigibles de l'ordre public. »

Et plus loin : « La société veut être protégée. L'attentat du 14 janvier était attendu par les sociétés secrètes. »

Puis encore, agitant le spectre rouge : « Ceux qu'elle a pour mission d'intimider et de disperser sont les ennemis implacables de la société qui détestent tous les régimes, tout ce qui ressemble à une autorité quelconque..., qu'aucun pardon n'apaise, qui ont enlacé la France dans un réseau secret dont le but ne peut être que criminel, les laisser conspirer dans l'ombre, serait une faiblesse pleine de périls. »

Néanmoins la commission, jugea bon d'amender le projet de loi, et conformément à ses conclusions, il le fut en ce sens, que les pouvoirs accordés au gouvernement étaient restreints à une période de temps qui expirait au 31 mars 1865. Nous nous plaisons à espérer que personne ne regardera cette restriction comme un adoucissement à la loi. Qui donc, en effet, pourrait croire qu'à l'heure où nous écrivons le gouvernement impérial oserait transporter sans jugement les plus honnêtes citoyens?

Quoi qu'il en soit, ce projet ainsi amendé fut mis à l'ordre du jour de la Chambre le 18 février. Dans la séance du 19, il était voté par 237 voix contre 24 sur 251 votants. MM. Émile Ollivier, le marquis d'Andelarre, Legrand, le comte de Pierre eurent le courage de l'attaquer; mais il fut vigoureusement défendu par MM. Granier de Cassagnac, Riché, Baroche, de Belleyme et Langlais. Toute résistance était inutile, et puis M. Riché ne rappela-t-il pas que Napoléon, partant pour sa dernière campagne, disait à la Chambre des représentants : « N'imitez pas ces Grecs du Bas-Empire qui discutaient sur la métaphysique et sur la jurisprudence, alors que le bélier des Turcs frappait leurs murailles? »

Vingt-quatre membres n'en avaient pas moins protesté contre cette loi de terreur. Voici leurs noms : MM. Ancel, le marquis d'Andelarre, Brame, Curé, Darimon, le comte de Flavigny, Gareau, Gouin, Halligon, Hénon, Léopold Javal, le baron de Jouvenel, le comte Henri de Kersaint, Kœnigswarter, Legrand, le vicomte Anatole Lemercier, le baron Lespérut, le marquis de Mortemart, Ollivier, Jules Ouvrart, le comte de Pierre, Plichon, le vicomte de Rambourgt, le marquis de Talhouet.

La plupart, on le voit, appartiennent à la majorité. Seuls MM. Hénon, Ollivier et Darimon formaient d'ordinaire l'opposition. Peut-être, en cette occasion, leur devoir était-il de se retirer en protestant!

Le Sénat, bien entendu, ne s'opposa pas à la promulgation de la loi, et un décret impérial du 27 février 1858 la rendit exécutoire sur toute l'étendue de l'empire français.

Le décret de promulgation de cette loi est, qu'on veuille le remarquer, du 27 février 1858. Or, il n'était exécutoire dans le département de la Seine qu'un jour franc après, soit le 2 mars, et dans chacun des autres départements qu'après l'expiration du même délai, augmenté d'autant de jours qu'il y a de fois dix myriamètres entre Paris et le chef-lieu de chaque département, c'est-à-dire, le 7 mars à Lyon, le 11 mars à Marseille, etc. [1].

Cependant, bien avant qu'il fût rendu, avant même que la loi fût présentée au Corps législatif, il y eut des républicains arrêtés, arrachés à leurs familles et à leurs affaires pour être jetés dans les cachots.

C'est en vain qu'on nous dira qu'on agissait en vertu du décret du 7 décembre 1851 concernant les personnes déjà condamnées pour délits de sociétés secrètes. Nous établirons qu'un très-grand nombre de citoyens, qui n'étaient pas compris dans la catégorie de ceux dont ce décret dictatorial autorisait à s'emparer, furent ainsi arrêtés en violation de toutes les lois.

Ce qu'en outre, nous ne saurions assez faire remar-

---

1. Code civil, article 1er.

quer, c'est que toutes les mesures dites de sûreté générale, dont nous allons parler, furent prises en silence, dans l'ombre. D'une ville à l'autre on ignorait les victimes; la presse, muette, avait ordre, sous peine de mort, de n'en souffler mot, et personne n'osait, même à voix basse, prononcer leurs noms.

CHAPITRE IV.

LES TRANSPORTATIONS.

Nous avons décrit la situation de la France, en 1858, nous avons fait le récit de l'attentat du 14 janvier, nous avons déterminé son caractère, montré le but des Italiens qui seuls l'avaient accompli; nous savons de quelles armes disposait le gouvernement impérial, il nous reste à dire comment il usa de son pouvoir sur les Français étrangers à cet attentat, et de quelle façon la loi de sûreté générale fut appliquée par lui.

Nous nous contenterons pour cela de raconter les faits sèchement, sans commentaires, tels qu'ils nous ont été racontés par les victimes. Ils crient assez d'eux-mêmes pour qu'il ne soit pas nécessaire de *les faire crier* encore en les caractérisant.

Nous croyons toutefois utile de reproduire ici in-extenso la correspondance suivante, qui ne donne cependant qu'une idée incomplète du sort qui était réservé aux victimes[1] :

GOUVERNEMENT GÉNÉRAL DE L'ALGÉRIE.

SECRÉTARIAT GÉNÉRAL. — 1ᵉʳ *bureau*.

Nº 1870.

Transportés politiques de 1858. — Prochaine arrivée des *individus* transportés à la suite de la loi du 27 février 1858.

Alger, le 13 mars 1858.

Mon cher général,

Monsieur le ministre de la guerre m'annonce le prochain envoi en Afrique d'un certain nombre d'*individus* transportés (300 environ), en exécution de la loi du 27 février dernier. Ces envois seront effectués proportionnellement et directement sur chaque province, par les soins de M. le général commandant la 9ᵉ division militaire à Marseille, conformément aux dispositions que j'ai arrêtées, et dont je donne aujourd'hui même connaissance au général commandant la 9ᵉ division. Le contingent de votre province doit être des deux cinquièmes des envois successifs.

Je vous prie de prendre immédiatement les dispositions pour qu'au fur et à mesure de leur arrivée dans les

---

1. Les pièces officielles qui suivent sont complétement inédites; elles n'étaient pas destinées à la publicité.

ports de débarquement, les transportés soient dirigés sur les différentes localités ci-après indiquées, qui seront spécialement affectées pour leur résidence dans cette province de Constantine: La Calle, Guelma, Souk-Harras, Tébessa, Bordj-Bouaréridj, Djidjelly et Bougie.

Comme en l'état, *il n'y a pas possibilité d'occuper à des travaux publics les individus* transportés en exécution de la nouvelle loi, qui ne les condamne d'ailleurs qu'à l'internement, j'ai décidé qu'en attendant que ceux qui n'ont pas de ressources personnelles, puissent trouver à s'occuper, il leur serait alloué une ration de vivres militaires (0 fr. 23 c. 5 mill.), et un allocation de 0 fr. 75 c. par jour pour les autres besoin de la vie.

MM. les intendants ne recevant pas de délégations spéciales pour ce chapitre, il leur sera facile de pourvoir à ces dépenses sur leurs délégations générales, jusqu'au moment où M. le ministre de la guerre aura mis à leur disposition des fonds spéciaux.

Vous aurez soin de ne pas laisser séjourner dans les ports, les transportés qui seront envoyés dans la province.

Il est un autre point que je vous recommande tout particulièrement et sur lequel vous devez appeler la sollicitude des généraux commandant les subdivisions : c'est de faciliter l'établissement des transportés, comme concessionnaires, par tous les moyens possibles dans celles des localités ci-dessus qui vous en offriront la possibilité.

Il est bien entendu que vous me tiendrez exactement au courant de l'arrivée des convois, des internements que vous aurez désignés et des incidents de toute nature qui pourraient se présenter dans l'application des dispositions dont je viens de vous entretenir. Vous veillerez également à ce que les transportés soient soumis aux mesures de surveillance et de sûreté qu'il est d'usage d'observer à l'égard des internés.

Leurs familles pourront être autorisées, sur leur demande, que je me réserve d'approuver, à les rejoindre lorsqu'elles justifieront de ressources suffisantes pour subvenir à leurs besoins.

Recevez, mon cher général....

Signé : RANDON.

ALGÉRIE. — DIVISION DU CONTENTIEUX.

TERRITOIRES MILITAIRES.

Bureau des affaires civiles.

N° 1103.

Arrivée de nouveaux transportés en exécution de la loi du 27 février 1858.

Constantine, le 20 mars 1858.

Mon cher commandant,

Par dépêche du 13 mars courant, dont j'ai l'honneur de vous adresser ci-joint copie, M. le gouverneur général m'annonce l'envoi prochain en Algérie d'environ

300 *individus*, transportés en exécution de la loi du 27 février 1858.

Sur ce nombre, notre province doit en recevoir les deux cinquièmes, soit environ cent vingt. Soixante d'entre eux seront internés dans les trois localités de la subdivision de Bône, désignées par M. le gouverneur général, vingt seront envoyés à Bougie, autant à Djidjelly. Les centres de Tébessa et de Bords-Bouaréridj en recevront chacun dix.

La dépêche ci-jointe, fait connaître les dispositions qui seront prises pour subvenir aux besoins de ces hommes qui n'ont pas de ressources personnelles, en attendant qu'ils trouvent du travail. J'invite M. l'intendant militaire à prendre à cet effet les dispositions nécessaires.

Ces transportés sont placés, comme les internés, sous la direction de l'autorité militaire. Pendant quelque temps, ils devront être astreints à répondre journellement à l'appel, à une heure qui sera fixée devant le commandant de la place. Lorsqu'on se sera assuré de leurs dispositions, on pourra réduire le nombre des appels à un par semaine.

Il devra m'être rendu compte de l'arrivée de ces transportés. Des notes seront fournies chaque semaine sur leur conduite, comme pour les autres transportés.

Recevez, mon cher commandant, l'assurance de mes sentiments respectueux, etc.

Le général de division, commandant la province,
Signé : Gastu.

GOUVERNEMENT GÉNÉRAL DE L'ALGÉRIE.

Premier bureau.

N° 197.

Transportés de 1858. — Instructions générales.

Alger, le 23 mars 1858.

Je viens compléter, tout en les modifiant sur certains points, d'après les nécessités qu'un nouvel examen m'a révélées, les instructions que je vous ai données tout récemment relativement aux *individus* transportés en Algérie, en vertu de la loi du 27 février dernier.

D'après les instructions que vient de me notifier M. le ministre de la guerre, les *individus* dont il s'agit, seront embarqués à Marseille par les soins de l'autorité militaire et surveillés à bord jusqu'au moment du départ du paquebot; puis ils accompliront la traversée sans escorte.

Au moment de leur arrivée au port de débarquement, le commandant du navire préviendra l'autorité militaire qu'il a des transportés à bord, et celle-ci devra envoyer une escorte de gendarmerie pour les recevoir.

Il y a lieu d'espérer que les traversées s'accompliront sans accident. S'il survenait quelques désordres, ils seraient facilement réprimés.

On veut ainsi prouver aux transportés qu'ils ne sont point considérés comme des malfaiteurs.

Le gouvernement désire que la mesure de transportation s'effectue dans le plus bref délai possible. Tous les individus atteints par la loi de sûreté générale, et envoyés en Algérie, seront arrivés à Marseille avant la fin de ce mois, et tout fait supposer qu'ils auront quitté la France le 1er avril. Leur nombre s'élève *aujourd'hui* à 380 et M. le ministre a autorisé M. le général commandant la 9e division militaire, à faire partir un paquebot supplémentaire, si les départs réguliers ne suffisaient pas.

D'après les proportions, que j'ai déterminées, ce serait donc *un* effectif d'environ 150 *individus* pour votre province. Il serait possible que pour éviter un encombrement à Marseille dont les prisons ne peuvent loger convenablement que 100 transportés à la fois, ces proportions dussent être changées, de façon à ne pas ralentir le mouvement de départ. M. le ministre m'annonce que le cas échéant, il y pourvoirait d'office et m'en informerait aussitôt. Je vous en informerais à mon tour.

Ainsi que le portaient mes précédentes instructions, les transportés ne devront séjourner que le moins possible au port de débarquement, vous aurez donc à prendre à l'avance toutes les dispositions voulues pour assurer leur prompt transport, sous escorte, dans les localités que je vous ai désignées, comme lieu d'internement.

Les convois de transportation devant être composés

en majeure partie d'*individus* sans ressources autres que leur travail, j'avais décidé que ces derniers recevraient par jour, une ration militaire, telle qu'elle est attribuée à la troupe, c'est-à-dire partie en nature, partie en argent, et une allocation de 0 fr. 75 c. pour les autres besoins de la vie. Ces dispositions ont besoin d'être complétées, et voici à quoi je m'arrête à cet égard.

Comme tous les transportés, ceux qui peuvent avoir des ressources personnelles comme ceux qui s'en trouvent dénués, *ont été inopinément arrêtés*, on doit supposer que la presque totalité se trouvera dépourvue d'argent, et par conséquent de moyens immédiats d'existence, au moment où ils mettront le pied dans la colonie. La ration et l'allocation devront donc être attribuées à tous indistinctement jusqu'au moment de leur arrivée au lieu d'internement. Mais une fois au lieu de leur résidence, les *mesures de bienveillance* prises à leur égard doivent être combinées *de façon à prévenir la continuité* de ces allocations, qui seraient une lourde charge pour le Trésor.

Dans ces vues, il convient d'instituer provisoirement partout où il sera possible, dans les localités d'internement, ce que j'appellerai un dépôt où tous *ces individus resteront casernés* tant qu'ils *ne pourraient pas se suffire à eux-mêmes*.

Il ne s'agit pas, cela doit être bien entendu, d'une prison, mais d'un établissement où, trouvant la nourriture et le coucher dont vous pourrez demander le matériel à l'intendant militaire, ils seront néanmoins soumis, *sans être privés de leur liberté,* à un régime d'ordre et de *régularité, qui sans être trop répressif, les invite cependant à y échapper en se créant des ressources* par leur travail, ou par l'emploi des fonds que leurs familles peuvent mettre à leur disposition. *Ils devront être notamment soumis à des heures de rentrée et de sortie et à des appels journaliers.*

Vous comprendrez parfaitement ma pensée : le but que je me propose ici est de *peser sur la paresse qui pourrait porter quelques-uns à se considérer pour ainsi dire comme pensionnaires de l'État.*

Comme il peut se faire que, selon les localités, il se rencontre plus ou moins de difficultés pour l'installation de ces établissements, je ne résoudrai pas ici la question de savoir, si là où ils auront pu être complétement installés, c'est-à-dire là où l'homme trouvera gîte et nourriture, on ne devrait pas réduire ou même supprimer l'allocation en argent. C'est un point que je vous laisse le soin de régler selon les circonstances.

Quant aux transportés qui pourvoiront eux-mêmes à leurs besoins, *ils devront être soumis à une surveillance active ;* ON DEVRA ÉVITER QU'ILS AIENT DES RAPPORTS AVEC LES MILITAIRES. *Leurs fréquentations devront être l'objet d'une attention toute particulière.* Tous les huit jours au moins, et plus souvent, si l'autorité locale le juge nécessaire, ils devront être astreints à faire constater leur présence à la place ou à la gendarmerie.

Mes recommandations précédentes subsistent toujours relativement aux facilités que l'autorité locale devra fournir à ceux qui manifesteraient l'intention de s'établir définitivement dans le pays.

Je verrais avec plaisir que cette autorité pût aider les internés à trouver du travail, et partout où cela se pourrait les admît comme colons en leur attribuant des concessions proportionnées à leurs forces et à leurs ressources.

Les présentes instructions, seront également portées par mes soins à la connaissance de MM. les préfets, pour qu'ils aient à y concourir à ce dernier égard dans les localités d'internement qui appartiennent à leur circonscription.

En ce qui concerne les dépenses résultant soit du transport, soit de l'établissement des dépôts provisoires, soit enfin des distributions en vivres et numéraire, c'est à MM. les intendants qu'incombe le soin d'y pourvoir. Vous aurez à leur donner à ce sujet tels ordres que de besoin. M. le ministre vient de m'informer que les ordonnateurs vont recevoir des délégations pour satisfaire aux dépenses de la transportation. Mais, en attendant que ces délégations leur parviennent, ils devront, comme j'ai déjà eu l'honneur de vous le dire, imputer lesdites dépenses sur les délégations générales qu'ils ont déjà reçues.

Vous aurez à pourvoir, selon les éventualités, à diverses mesures de détail, que je ne puis prévoir ici. Voici toutefois celles que j'ai arrêtées.

C'est l'autorité militaire du lieu d'internement qui dressera l'état des transportés admis à recevoir la ration et l'allocation, qui prononcera les radiations. C'est elle qui visera les bons de vivres; et c'est en son nom que sera délivré le mandat pour les allocations, lequel mandat sera établi par l'intendance sur les états de mutation fournis par le commandant supérieur ou tel officier qu'il désignera, le commandant de place par exemple.

Il me reste à vous entretenir d'un détail d'ordre. M. le général commandant la 9ᵉ division militaire, à qui j'avais demandé de me fournir un double des pièces qui devaient accompagner les transportés, me fait savoir que dans l'impossibilité où il se trouve de satisfaire à cette demande, faute de temps, il me fera parvenir les états signalétiques des individus dirigés sur Stora et Oran et fera suivre les convois des arrêtés de transportation avec un état nominatif.

Comme il importe que la centralisation se fasse à Alger d'une manière très-régulière, j'aurai soin de vous transmettre copie de ces feuilles signalétiques; et de votre côté vous aurez à me renvoyer les arrêtés de transportation, après en avoir toutefois fait consigner des extraits sur les copies des feuilles signalétiques que je vous enverrai.

Je vous prie de m'accuser réception de la présente circulaire en me donnant l'assurance que toutes les mesures seront prises pour l'exécution.

Le maréchal de France, gouverneur général.

Signé : RANDON.

Suit une circulaire conforme du général aux commandants de place.

GOUVERNEMENT GÉNÉRAL DE L'ALGÉRIE.

SECRÉTARIAT GÉNÉRAL.

1er *bureau.* — *Service des transportés.*

N° 2617.

Transportés de 1858. — Instructions générales.

Alger, le 13 avril 1858.

Mon cher général,

Je tiens à bien préciser l'esprit de ma circulaire du 23 mars dernier, n° 197, relative aux transportés de 1858 et à prévenir tout malentendu sur la ligne de conduite qui doit être suivie à leur égard.

Je vous disais dans cette circulaire : « On veut prouver aux transportés qu'ils ne sont point considérés comme des malfaiteurs. » Cette pensée a dicté les dispositions BIENVEILLANTES que le gouvernement a prescrites, pour le traitement des transportés à bord des bâtiments de l'État pendant la traversée. Elle doit présider également aux mesures de surveillance et de précaution que nécessite leur séjour dans la colonie. Nous ne devons pas perdre de vue que, considérés comme dangereux en France et internés en Algérie, au nom de la sûreté générale, il convient de ne pas aggraver leur position par une sorte de rigueur préventive.

Vous avez dû remarquer comme moi que dans le contingent des divers convois, surtout la majorité se compose d'hommes établis, ayant une profession et des moyens d'existence et dont quelques-uns appartiennent aux *diverses classes de la bourgeoisie.*

Ceux d'entre eux qui manifesteraient l'intention de rester tranquilles, de travailler de leur état, de former en Algérie des entreprises agricoles ou industrielles, devront trouver de la part de l'administration toutes les facilités compatibles avec l'ordre public.

. . . .

Recevez, mon cher général, etc.

Le maréchal de France, gouverneur général.

Signé : RANDON.

Nous nous abstenons de commenter : les récits qui forment l'ensemble des chapitres qui vont suivre, ils suffisent pour permettre à tous de juger en connaissance de cause.

CHAPITRE V.

EMPRISONNEMENTS ET TRANSPORTATIONS DANS LES DÉPARTEMENTS DU NORD.

Aisne, Aube, Eure, Loiret, Nord, Oise, Seine-et-Oise, Seine, Seine-Inférieure, Somme.

AISNE

Ce département compte au moins une victime :

Benjamin Gastineau, rédacteur en chef du *Guetteur de Saint-Quentin*.

Le 24 février 1858, entre minuit et une heure du matin, huit gendarmes, à la tête desquels se trouvait le capitaine de gendarmerie de Saint-Quentin, envahirent la maison où demeurait le citoyen Benjamin Gastineau, rédacteur en chef du *Guetteur de Saint-Quentin*, qui fut conduit sous cette escorte à la maison d'arrêt de la ville. Le capitaine n'était porteur d'aucun mandat. Aux questions de Benjamin Gastineau il répondit que l'ordre de son arrestation était arrivé de Paris par dépêche télégraphique. M. Benjamin Gastineau avait été déporté en Afrique en 1852; il faisait partie à cette époque des proscrits du Gers.

Le lendemain, l'imprimeur et les amis de Benjamin Gastineau le cherchèrent pour rédiger le journal, et ils n'apprirent que deux jours après sa consignation clandestine à la maison d'arrêt.

Après être resté un mois au secret à la prison de Saint-Quentin, Gastineau reçut notification d'une pièce qui, déclarant sa présence en France dangereuse pour la sûreté publique, décidait qu'il serait transporté en Algérie.

« En réalité, nous écrit-il, ce n'était pas ma présence qu'on redoutait, mais le journal que je rédigeais et qui fut supprimé peu de temps après, comme n'ayant pas de rédacteur en chef. »

De Saint-Quentin, Gastineau fut conduit en voiture cellulaire à Paris, déposé à la préfecture de police, puis de là à la prison de la Roquette où, malgré ses énergiques réclamations, il fut rasé et tondu comme les condamnés aux fers.

Quelques jours après, le citoyen GASTINEAU, placé de nouveau dans la cage d'une voiture cellulaire, fut conduit à Marseille, déposé, au milieu de tant d'autres républicains, au fort Saint-Nicolas, et de là transporté en Algérie dans la province de Constantine où il fut interné à la Calle, sur les frontières de la régence de Tunis.

Son crime ? il n'est pas bonapartiste.

AUBE

Les victimes de ce département sont :

HABERT, architecte à Troyes.
COTTET, professeur de mathématiques à Troyes.
RICHTER, cordonnier à Bar-sur-Aube.
GOMBAULT, entrepreneur à Ville-sur-Arce.

Tous les quatre furent arrêtés le 24 février 1858.

Le préfet et le maire vinrent visiter le citoyen HABERT dans sa prison deux jours après son arrestation. Le préfet lui déclara qu'il partait le soir même pour Paris et qu'il espérait obtenir sa mise en liberté, mais que pour cela, « il fallait lui dire franchement ce qu'il avait fait. » Habert lui répondit qu'on ne pouvait lui imputer ni actes, ni paroles, ni écrits, qu'au surplus une négation ne se prouvait pas et que c'était à lui, préfet, qui l'avait fait arrêter, à prouver les actes coupables qui lui étaient reprochés. Le 18 mars, un brigadier de gendarmerie vint à la prison lui notifier une décision du ministre de l'intérieur et de la sûreté générale datée du 16, et ordonnant, au nom de l'Empereur, sa transportation et celle de ses codétenus en Algérie. On y remarquait les considérants suivants :

« Vu l'avis du préfet de l'Aube, du général qui y commande et du procureur impérial ; considérant que *des faits graves signalent de nouveau* les individus ci-dessus désignés comme dangereux pour la sûreté publique.... etc. »

Et le préfet qui venait de déclarer qu'il ne savait pas ce dont il s'agissait!

Après trente jours de détention dans la prison de Troyes, au secret le plus absolu, le 27 mars, à 4 heures du matin, HABERT, COTTET, RICHTER et GOMBAULT montèrent en voiture cellulaire, et furent dirigés sur Marseille par le chemin de fer, avec arrêt à Dijon et à Châlon-sur-Saône pour compléter le chargement. Il est à remarquer que partout, on attendait toujours la nuit pour effectuer le chargement et dans les gares, les plus grandes précautions étaient prises pour laisser ignorer la présence des proscrits.

Arrivés à Marseille le 28 mars, à cinq heures du soir, après 37 heures consécutives de séjour dans les voitures cellulaires, ils en partirent le 2 avril et furent débarqués à Philippeville le 4 avril, d'où ils repartirent le 7 pour être transportés à Bougie, lieu de leur internement.

En arrivant, ils durent coucher par terre sous des tentes.

Ils étaient à Bougie une vingtaine d'internés. Pendant les quinze premiers jours on leur attribua les subsides des soldats en campagne. Plus tard, on les supprima à ceux d'entre eux qu'on avait jugé devant avoir des moyens d'existence. Au bout d'un mois, on les supprima à tous. Quatre ou cinq transportés sans ressources et sans ouvrage sont restés pendant tout le temps de la déportation à la charge de leurs compagnons d'infortune. Plusieurs nous affirment qu'ils étaient traités à Bougie « comme des forçats et que certains commandants militaires les appelaient des assassins ! »

EURE

En 1852, ce département avait aussi fourni son contingent de victimes, il était bien naturel qu'il le fournît aussi en 1858.

A cette époque le préfet de l'Eure était M. Janvier de la Motte, destiné depuis à une si haute célébrité.

Six citoyens furent transportés en Afrique. Nous ne pouvons malheureusement donner les noms que de quatre d'entre eux :

Alexandre Papon, ancien avoué à Évreux.

Verney, ancien libraire, président du tribunal de commerce d'Évreux.

Moissy, agent d'affaires à Nonancourt.

Imbert, cordonnier à Pont-Audemer.

Papon et Verney avaient été au moment du coup d'État internés l'un à Saint-Brieuc, l'autre à Napoléon-Vendée. En février 1858, un commissaire de police et des gendarmes vinrent les arrêter dans leur domicile. Ils furent tenus pendant un mois au secret dans la prison d'Évreux, puis la voiture cellulaire vint les prendre, et après 56 heures de route, ils se trouvèrent dans une des prisons de Marseille, d'où on les embarqua pour l'Afrique où ils furent internés.

Ils rentrèrent en France après l'amnistie. Pendant l'absence du citoyen Verney, le préfet de l'Eure ajouta l'ironie à la peine : il fit exproprier sa maison pour l'adjoindre à la préfecture.

Le citoyen Imbert fut transporté en Afrique et interné à Tlemcen.

LOIRET.

Le préfet de ce département, en 1858, était M. Bossely.
Parmi les victimes, dont nous n'avons pu nous procurer tous les noms, on compte :

Forgeat, ébéniste à Château-Renard.
Mme Jarreau, née Suzanne Grenon, fermière à Batylli, commune de Briare.
Jacquemard, coutelier à Gien.
Beaupin-Paris, marchand de nouveautés.
Normand dit Simon, cordonnier à Montargis.
Brunet, à Orléans.

Le citoyen Forgeat était un ancien commis voyageur, excellent homme, bon démocrate qui, en 1858, s'était établi comme ébéniste, à Château-Renard.

Mme Jarreau était la femme d'un gros fermier de Briare, qui avait été transporté à Cayenne, en 1852. Le mari était de retour depuis un an, en 1858, mais il était malade et alité. On jugea convenable de le remplacer par sa femme, qui était seule, à la tête d'une vaste exploitation qui occupait de vingt à vingt-cinq domestiques. Quel crime pouvait-on lui reprocher? Ses compagnons d'infortune n'ont jamais pu en découvrir qu'un seul : en 1852, elle avait été arrêtée et enfermée à la prison Saint-Lazare, à Paris. Elle y avait connu PAULINE ROLAND, et elle s'était chargée de l'enfant de celle-ci. Le pauvre enfant, né maladif, ne vécut pas, et Mme Jarreau lui avait fait faire à Briare un enterrement convenable auquel la contrée tout entière s'était fait un devoir d'assister. Mme Jarreau était elle-même mère de trois enfants.

Le citoyen JACQUEMARD était coutelier à Gien. Nous croyons savoir qu'il avait déjà subi les rigueurs du pouvoir en décembre 1851.

Le citoyen BRUNET était, si nous ne nous trompons, un négociant d'Orléans, qui fut, ainsi qu'un certain nombre d'autres citoyens, arrêté mais relâché quelques jours après.

Quant à Mme Jarreau et aux citoyens Forgeat et Jacquemard arrêtés en février 1858, ils furent transportés en voiture cellulaire à Marseille.

Mme Jarreau montra lors de son arrestation et pendant tout le temps de la transportation un grand courage, et ne contribua pas peu à relever le moral abattu de ses compagnons de malheur. Elle fut internée à Djidjelly où elle fut employée chez M. Martin, comptable de l'armée.

Le citoyen FORGEAT fut interné à Tlemcen. Le navire qui l'avait transporté de Marseille à Oran se nommait *le Sahel*. Le convoi dont il faisait partie, se composait de 59 proscrits, parmi lesquels se trouvaient entre autres deux curés dont nous n'avons pu malheureusement nous procurer les noms.

Le citoyen JACQUEMARD fut interné à Bougie, dont le commandant supérieur était M. Augerand, lieutenant colonel d'artillerie. Le convoi dont il faisait partie, composé de 20 proscrits, débarqua à Bougie dans la nuit du 8 au 9 avril 1858. Ils y furent reçus par le capitaine Cotelle et des gendarmes.

Deux tentes adossées à un palmier, avaient été dressées pour les recevoir. Ils s'y installèrent avec leurs bagages. Sous ces tentes, il n'y avait que la terre pour les reposer de leurs fatigues. Néanmoins la gaieté française l'emporta et ils nommèrent leur logement, un peu léger, l'*hôtel du Palmier*.

Le lendemain, le capitaine Cotelle les fit amener à la gendarmerie. Il leur demanda s'ils avaient des ressources et s'ils *acceptaient* les vivres et les subsides. Ils acceptèrent naturellement tous, et il leur fut enjoint de se présenter chaque matin à la gendarmerie. Puis on les engagea à se procurer rapidement du travail, car les vivres et les subsides ne devaient pas leur être accordés pour longtemps.

Quelques jours après, quelques-uns d'entre eux ayant trouvé de l'ouvrage, les subsides et les vivres leur furent retranchés. Quant aux autres, il leur en fut alloué jusqu'au 20 mai, après quoi ils durent vivre des générosités de leurs camarades.

Le lendemain de leur arrivée à Bougie, le citoyen Castaldi, avocat napolitain qui faisait partie de leur convoi, fut envoyé à Sétif.

Ceux qui s'étaient procuré de l'ouvrage et qui venaient à en manquer, réclamaient en vain des vivres et des subsides. Le maréchal des logis Philippe menaça, un jour, le citoyen Jacquemard de le mettre à *abd-el-kader* (la prison), s'il se permettait encore de réclamer et d'*embêter* ainsi à ce sujet le colonel Augerand.

Le citoyen Beaupin-Paris faisait aussi partie du convoi des transportés du Loiret. Il fut interné à Tlemcen.

Il en fut de même du citoyen Normand. Il fut interné à Bougie.

NORD.

Depuis 1852, dans le département du Nord, la démocratie n'était plus qu'un souvenir. Il avait violemment souffert au coup d'État, et là, comme ailleurs, une véritable terreur pesait sur tous les esprits. Il ne devait pas cependant échapper à la loi fatale. Il fournit son contingent obligé à la transportation.

Le préfet du Nord, en 1858, était M. Vallon.

A Roubaix, un certain nombre d'ouvriers, dont malheureusement nous n'avons pu nous procurer les noms, furent arrêtés. Ils furent relâchés au bout de quelque temps, sauf un complétement inoffensif qu'on jugea digne de plus de sévérité, et qui fut transporté en Afrique. Nous sommes parvenus à nous procurer le nom de celui-ci :

Dafreuville, fileur à Roubaix,

qui, transporté en Afrique, fut interné à Tlemcen.

A Lille, pas plus qu'à Roubaix, nous ne pouvons préciser le nombre des arrestations, qui fut considérable. Nous savons seulement que les citoyens désignés pour faire partie de la funèbre expédition étaient :

Degiesse, à Lille.
Deswarlez, serrurier, à Lille.
Chauveau, employé, à Lille.
Colas, employé, à Lille.

Degiesse, à ce moment, était hydropique et moribond ; on ne put mettre à exécution la décision prise à son égard.

Deswarlez, ancien maître serrurier, ancien cafetier, avait déjà en décembre 1851 été enfermé dans la citadelle de Lille avec soixante autres républicains. Il avait une grosse voix, un air rébarbatif, mais au fond était d'un caractère affectueux et serviable, et du reste, incapable d'aucune initiative politique, n'avait jamais aspiré à une direction quelconque. En 1848, il tenait un café fructueusement achalandé où on chantait de temps à autre *la Marseillaise* — (mais en ce temps-là, ce n'était pas encore un crime). Lorsque, le lendemain du coup d'État, son établissement que les réactionnaires appelaient plaisamment le café *de la Guillotine*, fut fermé, le préfet Besson lui demanda gravement s'il était vrai qu'il eût chez lui des modèles de guillotine. Deswarlez se mit à rire, pensant sans doute en lui-même que sa clientèle valait mieux que la guillotine.

Revenu d'Arras, où il avait été interné, il avait monté à Lille, rue des Augustins, avec les débris de sa petite fortune, un atelier de serrurerie. C'est là qu'il vivait paisiblement de son travail sans jamais plus chanter *la Marseillaise*, lorsqu'un jour, en mars 1858, des agents de police se présentèrent chez lui en l'engageant à se rendre auprès du commissaire. Ayant déjà entendu parler d'arrestations, et flairant un mauvais tour, il demanda la permission de se vêtir, et préférant non sans raison la Belgique à l'Afrique, il prit la fuite par une porte de derrière. Après l'amnistie, il rentra à Lille, où il est mort il y a deux ans à la suite de maladies causées par les grands chagrins qu'il avait endurés, et protestant jusqu'à la fin contre l'importance du rôle politique qu'on lui avait attribué.

Chauveau était un ancien sous-officier de l'armée, fils d'un ancien militaire du premier Empire. Mais ses convictions républicaines étaient sincères et profondes, et son dévouement à la cause inébranlable. En 1851, comme Deswarlez, malgré son état maladif qui le condamnait pour ainsi dire au repos, il fut enfermé à la citadelle. De 1852 à 1858, il fut employé par divers industriels qui se louèrent tous de sa probité et de ses excellents services, il ne s'occupait plus de politique, et ne sortait guère de la maison paternelle. Arrêté un soir, il fut écroué à la maison d'arrêt, où il gémit pendant plusieurs semaines, sans savoir ce qu'on allait faire de lui. Enfin on lui signifia la décision en vertu de laquelle il fut transporté en Afrique.

Plus pour lui qui était souffrant que pour ceux qui se portaient bien, le trajet de Lille à Marseille fut un véritable supplice. Arrivé en Afrique, il fut dirigé sur une localité éloignée et malsaine et subit les plus durs traitements.

Quand il revint au foyer paternel, il était méconnaissable, d'une effrayante maigreur et à peu près paralysé. Il mourut quelque temps après, à la suite d'une lente agonie dans les bras de ses parents désolés.

Le citoyen Colas était autrefois géomètre dans une petite ville de Saône-et-Loire. En 1852, il avait dû se réfugier en Suisse pour échapper à la persécution. En 1858, il était depuis quatre ans employé à Lille[1]. La notifica-

---

1. Nos renseignements disent que Colas était à Lille. Mais cependant

tion de la décision du ministre de l'intérieur lui fut cependant faite dans le département de Saône-et-Loire qu'il n'habitait plus depuis des années. C'est à Lille, qu'après de nombreuses recherches, la police parvint à le découvrir pour le transporter en Afrique. Dira-t-on qu'avant de le frapper on avait pris des renseignements sur son compte?

OISE.

Voici les noms de deux des transportés de ce département :

Louis-Napoléon Gueudet, ouvrier tailleur à Saint-André-Fariville.
Bellenger, docteur-médecin à Senlis.

Le citoyen Gueudet était du nombre de ces transportés qui, conduits d'Alger à Ténez sur *le Titan*, furent enchaînés à la tringle pendant tout le temps de la traversée[1] ; il fut interné à Cherchell.

A son arrivée au lieu de son internement, avec son

---

nous ne pouvons affirmer si c'est là la vérité. Ce que nous savons seulement, c'est qu'il habitait une ville du Nord.
1. Voir le département de la Meurthe.

compagnon de voyage, le citoyen Baudeman (de l'Hérault), il se présente devant le capitaine Poly-Marchetti qui, après avoir lu ses papiers, lui dit : « Vous n'êtes pas digne de porter les noms qu'on vous a donnés. » « Ce n'est pas ma faute, répondit Gueudet, c'est celle de mon parrain, qui en outre est cause qu'en 1814 j'ai failli être assommé par les alliés; heureusement qu'à cette époque, j'avais des jambes que malheureusement je n'ai plus aujourd'hui. »

Pour se soustraire aux compliments de ce capitaine qui avait toujours l'invective à la bouche, et qui avait traité de pillards neuf citoyens de Paris, internés à Cherchell, leur disant : « Ce n'est pas ici qu'on aurait dû vous conduire; il y a longtemps qu'on aurait dû faire la fin de vous, que vous auriez dû cesser d'exister..... » pour se soustraire, disons-nous, à de semblables aménités, le citoyen Gueudet se fit envoyer de sa commune un certificat que nous reproduisons textuellement :

« Nous Dumont (Jean-Louis), maire de la commune de Saint-André-Fariviller, canton de Froing, arrondissement de Clermont-sur-Oise, soussigné, certifions à tous à qui il appartiendra, que le sieur Gueudet (Louis-Napoléon), ouvrier tailleur, époux de Florentine Delatte, domicilié en cette commune, aujourd'hui interné en Algérie, d'où il est revenu en 1852, ne s'est, pendant cet espace de temps, aucunement occupé d'affaires politiques; écartant de lui toutes les personnes supposées hostiles au gouvernement français, vivant en parfait honnête homme et en bon mari....

« C'est pourquoi, nous maire sus-nommé, réclamons auprès de toutes les personnes, sous la surveillance desquelles se trouve le sieur Gueudet, tous les égards dus à ses malheurs, dont *il ignore la cause*, quoiqu'il en soit la victime par le fait de la malveillance.

« Mairie de Saint-André-Fariviller, le 27 avril 1858.

« *Signé* : le maire, DUMONT. »

Comme nous le fait observer le citoyen Lelièvre de la Meurthe, l'honnête maire de Saint-André ne se doutait probablement guère qu'il énonçait dans son certificat des vérités applicables à tous les proscrits de 1858.

Huit jours après son débarquement, le citoyen Gueudet fut appelé avec ses compagnons devant le commandant de place qui leur dit qu'il fallait renoncer aux subsides de l'Etat, et se procurer des moyens d'existence ailleurs, et leur demanda de signer leur renonciation. Ces malheureux à demi terrifiés par tout ce qu'on leur avait fait souffrir : prison, voiture cellulaire, fers aux pieds, et craignant pis encore s'ils refusaient, signèrent purement et simplement.

Les subsides cessèrent de leur être fournis, et ils durent, pour vivre, travailler sur les routes et sur les chantiers du port.

Le docteur BELLENGER, après son arrestation, en février 1858, fut retenu en France par une maladie grave contractée en prison; il ne put partir de Marseille que le 13 mai, il fut interné à Mers-el-Kébir.

SEINE-ET-OISE.

Il y a eu dans ce département plusieurs transportés. Nous n'avons pu nous procurer que les noms de quelques-uns :

 Charles-Auguste Durand, propriétaire à Hédouville.
 Jules Lavigne, marchand de meubles, à Étampes.
 Roland, horloger à Montlhéry.

Tous les trois furent transportés en Afrique, et internés le premier à Tlemcen; les deux autres à Bougie.

SEINE.

Ce n'est pas, à coup sûr, ce département qui pouvait être épargné. N'a-t-il pas été de tout temps la capitale des idées, le boulevard de la liberté, et, dès lors, ne devait-il pas contenir un grand nombre d'hommes dangegereux?

Depuis les journées de juin 1848, jusqu'aux jours néfastes de 1851 et de janvier 1852, il avait été rudement frappé par la réaction triomphante; il avait été, en quelque sorte, décapité de ses enfants les plus vaillants, les plus énergiques et les plus dévoués à la cause démocratique. C'est par milliers qu'ils avaient été transportés à Cayenne ou à Lambessa, chassés en exil ou en internement, et massacrés dans les rues par les soldats victorieux. Nous n'avons pas à revenir sur cette époque de tristesse et de deuil. L'un de nous, du reste, dans un livre[1] dont le succès a montré la nécessité, a déjà raconté les hauts faits de 1851 et de 1852. En attendant, il nous est bien permis de dire qu'en 1858, la plus grande partie des hommes qui sont l'honneur et la gloire de la France et du parti démocratique, expiaient loin de Paris le crime d'avoir été jusqu'à la fin fidèles à leurs devoirs.

Où étaient-ils ces courageux montagnards représentants du peuple à la Constituante et à la Législative? Les uns, comme Baudin, étaient morts sur les barricades, ou étaient à Belle-Isle, à Doullens, à Corte; les autres, en Angleterre, en Amérique, en Belgique, en Espagne, en Italie, en Suisse, traînant, pour la plupart, une existence malheureuse, vivant de privations, cachant leurs

---

1. *Paris en décembre* 1851.

plaies saignantes, mais raffermis dans leur foi et dans leurs espérances par le souvenir des exilés de tous les temps, dont ils retrouvaient les traces dans chacun des pays qui les accueillaient si généreusement. Tous, ils reverront la France, et le jour n'est pas loin où ils pourront de nouveau y saluer la liberté !

Où étaient-ils ces journalistes, ces avocats, ces médecins, ces littérateurs, ces ouvriers, ces philosophes qui, eux aussi, avaient été frappés par les vainqueurs de décembre ? eux aussi étaient à Cayenne ou en Afrique, en exil, ou en prison.

Il ne restait donc plus à Paris que ceux qui avaient été assez heureux pour échapper à la loi commune, ou qui déjà, mais en bien petit nombre, avaient pu rentrer au foyer domestique avec le stigmate de la mise sous la surveillance de la haute police !

Étaient-ce ceux-là qui s'occupaient de politique, qui organisaient des complots et qui s'exposaient à tomber sous les coups de la loi ? Étaient-ce eux qui avaient aidé ou assisté Orsini dans l'accomplissement de son attentat ? Étaient-ce eux qui troublaient la paix publique et qui pouvaient être responsables du complot des Italiens ? Qui donc ignorait en France que ces hommes, tout en gardant au fond du cœur leur amour pour le droit, pour la justice, pour la république, assistaient passifs à tout ce qu'ils voyaient, se contentant de regretter en silence ce qu'ils avaient perdu ?

Ce fut cependant sur eux, comme sur leurs frères des départements, que s'appesantirent les rigueurs et les rancunes du pouvoir impérial.

Dès le jour même, dès le lendemain de l'attentat du 14 janvier, ils avaient été arrêtés en masse dans les rues, sur les places publiques, dans leurs domiciles, dans leurs ateliers. Toutes les prisons, tous les postes de police en regorgeaient. Nous avons entendu évaluer à plus de deux mille le nombre des arrestations opérées dans les deux ou trois jours qui suivirent l'attentat. On comprend que nous n'ayons pu nous procurer les noms des arrêtés.

Eh bien ! ce nombre, si considérable qu'il soit, ne parut pas suffisant, et, lorsque le pouvoir eut décidé de frapper les républicains en masse, dans la nuit du 23 février 1858, on procéda encore à l'arrestation d'environ cinq cents autres citoyens.

La plupart d'entre eux, à la vérité, furent relâchés quelques jours après leur arrestation.

Nous croyons savoir que le nombre des citoyens du département de la Seine, transportés à cette époque en Algérie, s'élève à *soixante-douze.*

Voici les seuls noms que nous ayons pu jusqu'à présent obtenir :

ANSART, pharmacien, à Paris.
ASTUS, coiffeur, à Boulogne-sur-Seine.
AUGER, dit *Mazagran,* charpentier, à Passy.

Augier, marchand de vêtements confectionnés, à Paris.

Babaud, ancien avoué, à Paris.

Boulanger, mécanicien, à Paris.

Buffet, piqueur, à Paris.

Canterel, marchand de vins, à Paris.

Carette, fabricant de produits chimiques, à Paris.

Chaussade, tailleur, à Batignolles.

Charavay, homme de lettres, à Paris.

Cressigny, marchand d'habits, rue du Faubourg-Saint-Antoine, à Paris.

Fombertaux (Eugène), employé, à Paris.

Gent, cafetier, rue Rambuteau, à Paris.

Girard (Pierre-Philippe), implanteur, à Paris.

Goyard, chaudronnier, à Paris.

Goudounéche, chef d'institution, à Paris.

Huriot, dit *Robespierre*, cordonnier, à Paris.

Henri, coiffeur, à Paris.

Levasseur, horloger, à Gentilly.

Marie, forgeron, à Charenton.

Maugin, gérant de la société des fabricants de limes.

Moulin, cartonnier, à Paris.

Robin, chaudronnier, à Batignolles.

Roger, sculpteur, à Paris.

Schumacker, dit *Henri V*, mécanicien, à Paris.

Thiébaud, maître cordonnier, à Paris,
Tillier (Georges), rédacteur du *Figaro*.
Voignier, maître cordonnier, rue de Provence, à Paris.

Entre tous, il avait paru nécessaire de frapper les membres restants du *Comité dit de Résistance*, qui, sous la présidence de M. Louis Bonaparte, n'avait cessé de lutter pour la cause républicaine. Déjà en 1851, un grand nombre d'entre eux avaient été condamnés et envoyés à Belle-Isle. Quelques-uns en étaient revenus et vivaient tranquilles, s'accoutumant tant bien que mal au régime de la surveillance sous la haute police auquel ils étaient soumis.

On remua leurs anciens dossiers tout poudreux depuis le temps où on ne s'était plus occupé d'eux. Et le 24 février 1858, à quatre heures du matin, les commissaires de police furent lancés à la recherche de Louis Combes, homme de lettres ; Eugène Fombertaux, employé ; Frédéric Gérard, homme de lettres ; Chardon, instituteur, et de quelques autres.

On pourra juger, par ce qui va suivre, du sans façon avec lequel on procédait à cette époque.

Les agents se présentèrent chez Frédéric Gérard, traducteur au ministère de la guerre, savant naturaliste, polyglotte distingué, l'un des collaborateurs du dictionnaire d'Orbigny. Ils trouvèrent une famille en deuil, douloureusement surprise par leur présence, et qui leur apprit, à leur grande stupéfaction, que celui qu'ils cherchaient, *était mort depuis bientôt un an.*

CHARDON, instituteur à Montrouge, qui avait été compromis dans l'affaire dite du comité de résistance, comme le citoyen FRÉDÉRIC GÉRARD, et avait été acquitté par le jury, était occupé à la direction de son institution et avait repris la publication de ses excellents petits livres scolaires qui lui ont acquis une si légitime réputation. Ce fut là, qu'il fut arrêté, pour être ensuite emprisonné. Mais grâce aux actives démarches de son frère, officier d'artillerie distingué, il fut rendu à la liberté quelques jours après.

LOUIS COMBES, qui depuis est entré dans la presse militante et qui est l'auteur de ce livre remarquable : *la Grèce antique,* avait senti venir l'orage et s'était mis prudemment en lieu de sûreté. On ne put mettre la main sur lui.

Tel ne fut pas le sort de l'infortuné EUGÈNE FOMBERTAUX qui occupait alors un modeste emploi à l'imprimerie Dubuisson. Fils du cordonnier Fombertaux qui figura sous la monarchie de Juillet dans un certain nombre de procès politiques, il avait été, dès son plus jeune âge prisonnier au Mont-Saint-Michel, où vinrent le rejoindre plus tard Blanqui, Barbès, Martin-Bernard et les condamnés de mai 1839.

Cet homme qu'on jugeait alors si dangereux, avait été

si habilement surveillé par la police, qu'on alla le chercher dans un domicile qu'il avait quitté depuis un an; de là la police se transporta dans un autre domicile qu'il avait quitté depuis six mois, enfin après deux jours de marches et de contre-marches, on le trouva rue Campagne-Première en face du cimetière Mont-Parnasse.

Arrêté malgré ses énergiques protestations, il fut écroué à Mazas.

Remise un peu de l'émotion que lui avait causée l'arrestation de son mari, Mme Fombertaux se rendit à la préfecture de police pour avoir de ses nouvelles. On ne lui répondit que par des sourires d'étonnement : « On ne savait ce qu'elle voulait dire ; aucune personne de ce nom n'avait été transférée là. » Elle se rendit à Mazas, pria, supplia un employé, consulta les registres : la prison ne contenait pas de détenu du nom de Fombertaux !

Deux jours après, lui parvenait une lettre datée de Marseille : FOMBERTAUX avait été immédiatement après son arrestation, placé dans une voiture cellulaire et expédié par le chemin de fer sans avoir pu dire adieu aux siens, sans autres vêtements que ceux qu'il avait sur le dos et possédant pour toute fortune une somme de *quinze centimes !*

Quelques jours après, Mme Fombertaux reçut une nouvelle lettre de son mari datée de Sidi-Bel-Abbès (Algérie) où celui-ci avait été conduit.

A Paris, plusieurs personnes s'intéressant à Fombertaux, entre autres M. Guéroult de l'*Opinion nationale*, firent des démarches pour le faire revenir. Il leur fut répondu que Fombertaux était un homme des plus redoutables, que depuis longtemps la police avait l'œil sur lui, et qu'on ne comprenait pas qu'on puisse s'exposer au danger de s'intéresser à lui.

Fombertaux est rentré en France depuis l'amnistie. Il est aujourd'hui encore employé à l'imprimerie Dubuisson. Que ceux qui le connaissent se demandent s'il eût été capable de prêter les mains à Orsini ?

Le citoyen Goudounèche demeurait à cette époque rue de l'Ouest. Le 24 février, à une heure du matin, il fut réveillé en sursaut par M. Montval, commissaire de police. Comment la police avait-elle donc pu pénétrer chez lui ? Elle avait su que la domestique du citoyen Goudounèche couchait dans une chambre au cinquième étage de la maison qu'il habitait. Elle y monta, fit lever la domestique qui avait une clef de l'appartement. Celle-ci l'introduisit à travers toutes les pièces jusqu'à la chambre du citoyen Goudounèche. Le commissaire de police qui connaissait ce dernier, s'excusa de la triste mission qu'il avait à remplir, le mit néanmoins en état d'arrestation et le fit conduire à Mazas.

Le lendemain, Goudounèche fut interrogé, comme il nous le dit lui-même « pour la forme. » Et le 13 mars il dut monter en voiture cellulaire sans avoir pu voir sa famille, et il arriva à Marseille le lendemain vers trois heures. Il faisait partie d'un convoi qui emmenait trente-six républicains.

Le lendemain même de son arrivée à Marseille, il fut transporté sur un navire à Alger, où il fut enfermé à l'hôtel Laffite (prison militaire). Il y tomba malade et après sa sortie de l'hôpital, il fut interné à Médéah. Le citoyen Goudounèche avait fondé à Médéah une école préparatoire pour les deux baccalauréats. Il fut à ce sujet souvent tracassé par la police. Il est aujourd'hui à Paris, où il est rentré après l'amnistie.

Une autre arrestation sur laquelle nous avons le devoir d'insister est celle du citoyen GEORGES TILLIER, rédacteur du *Figaro*, fils de Claude Tillier le pamphlétaire. Arrêté à Paris, après avoir été traîné de prison en prison, il fut conduit à *la Roquette*, où à son entrée il eut les cheveux tondus et la barbe rasée. Puis après l'avoir dépouillé de ses vêtements, on le revêtit du costume des condamnés au milieu desquels on le jeta.

Le lendemain, on lui mit les fers aux pieds et on le plaça dans une voiture cellulaire où on lui attacha à l'un des pieds une seconde chaîne dont l'extrémité était fixée à l'extrémité de la voiture. Il fut ainsi en compagnie de onze forçats expédiés à Marseille où il arriva après soixante-quatorze heures de voyage, malade et crachant le sang.

Pendant ce temps sa mère et sa fiancée, qui habitaient

Nevers, étaient purement et simplement emprisonnées.

De Marseille il fut transporté en Algérie et interné à Oran.

On comprend que nous ne voulions pas fatiguer l'attention du lecteur par le récit des arrestations et transportations de chacune des victimes, qui du reste s'opérèrent à peu près partout de la même façon !

SEINE-INFÉRIEURE.

Le préfet de la Seine-Inférieure, en 1858, était M. Leroy.

Les victimes sont :

>Beaufour, ourdisseur à Rouen.
>Bréant, débitant et tisserand, à Rouen.
>Noiret, tisserand, à Rouen.
>Gratigny, fileur, à Rouen.

Le citoyen Beaufour avait été, en 1852, condamné à cinq ans de déportation à Cayenne. Il était rentré depuis 1857, lorsqu'il fut arrêté de nouveau en février 1858, emprisonné, conduit en voiture cellulaire à Marseille comme tous ses camarades et de là transporté en Afrique.

Le citoyen BRÉANT avait été déjà déporté en Afrique en 1852; il le fut une seconde fois en 1858. Il avait été arrêté à Elbeuf où il était allé pour soigner son père, qui était à son lit de mort.

Le citoyen NOIRET avait été aussi déporté en 1852. Il le fut encore en 1858.

Le citoyen GRATIGNY avait été, en 1856, condamné à dix ans de prison pour association illicite. Au moment de l'attentat Orsini, il subissait sa peine à la prison de Beaulieu, il lui eût donc été difficile de conspirer. Il n'en fut pas moins déporté en Afrique.

On nous signale, dans ce département, un fait qui se reproduisit dans beaucoup d'autres : L'autorité lança un mandat d'amener contre le citoyen LEPRÊTRE, de Caudebec-lès-Elbeuf. Il était mort depuis trois jours. Victime d'un de ces dévouements qu'on ne rencontre que chez les natures généreuses : Dans un incendie, pour puiser de l'eau, il fallait se placer dans une mare qui était un véritable bourbier. Tout le monde hésitait. Leprêtre lui, n'hésita pas, mais il contracta la maladie dont il mourut juste à temps, pour n'être pas transporté en Afrique.

SOMME.

En 1858, le département de la Somme avait pour préfet M. Mouzard-Sencier. Le général Boyer commandait la subdivision.

Dans la plupart des départements, nous avons déjà eu occasion de le signaler, il y a eu au moins quatre transportations. A ce point de vue, la Somme fut privilégiée ; ce département n'en eut que deux.

J. P. Chevalier, pharmacien à Amiens.
Isidore Thuillier, marchand de bois à Amiens.

Chevalier, savant distingué, auteur de plusieurs livres remarqués, était né à Saint-Pol en Artois en 1806. De bonne heure, il fut signalé pour son dévouement à la cause démocratique et républicaine. Dès avant 1830, comme aux journées de Juillet, il combattait contre la dynastie des Bourbons. Pendant tout le temps qu'a duré le règne de Louis-Philippe, il ne cessa de travailler pour la république. Il habitait Amiens depuis 1836, lorsqu'éclata le révolution de Février. A cette nouvelle, il se rend à Paris pour prendre part au mouvement. C'est lui qui se mit à la tête d'un grand nombre de citoyens, et alla désarmer le poste du chemin de fer du Nord.

S'étant fait ouvrir les portes de la gare, il s'approcha du capitaine de la compagnie et lui parla en ces termes :

« Capitaine, au nom de la nation, je réclame vos armes pour la défense de nos droits et de nos libertés.

— Nous ne pouvons, monsieur, répondit le capitaine, vous donner nos armes, mais nous allons en enlever les batteries, pour vous prouver que nous n'avons pas l'intion de tirer sur le peuple.

— Cela ne suffirait pas, repartit Chevalier, car les batteries seraient bientôt replacées. D'ailleurs, il nous faut des armes pour combattre les ennemis du progrès et des institutions libérales, et, au nom de la nation, je vous engage à déposer les vôtres.

— Oui! Oui! s'écria de toute part la multitude qui avait accompagné Chevalier.

Ces cris décidèrent les soldats à se rendre à la sollicitation du peuple, qui alla alors attaquer la caserne Poissonnière et suivit ainsi sa marche victorieuse, sans effusion de sang, jusqu'aux Tuileries, où habitent ordinairement ceux qui disposent des destinées du pays[1]. »

Chevalier revint ensuite à Amiens, où le parti réactionnaire qui, paraît-il, y est fort puissant, lui fit subir toutes sortes d'avanies. Il n'en soutint pas moins courageusement la lutte jusqu'au 2 décembre, époque à laquelle il

---

[1]. *Biographie de J. P. Chevalier*, par Gustave Dorieux.

fut arrêté. Après avoir passé un mois *aux grands chapeaux*, la maison d'arrêt d'Amiens, il fut envoyé à Doullens, où il resta trois mois. Exilé ensuite par la commission mixte du département de la Somme, il alla se fixer à Londres, et rentra à Amiens quelques années après.

Il y vivait de sa profession de pharmacien, ne s'occupant plus de politique, (on ne s'en occupait pas en ce temps-là!) faisant le bien, soulageant les infortunes, se rendant utile à ses concitoyens, lorsque, le 24 février 1858, il fut brusquement arraché à sa famille, à ses enfants, à ses amis, à son pays, jeté en prison et conduit à Marseille dans les voitures cellulaires, d'où on l'embarqua pour l'Algérie avec les autres déportés.

Il débarqua à Alger et de là fut envoyé à Medeah, où il fut interné. A Médéah, raconte son biographe, il sut se rendre utile à tous comme pharmacien et comme praticien. Il avait pour compagnon d'internement M. Lambert, avocat, M. Renardet, ancien notaire à Dijon; M. Machart, professeur de physique à Dijon; M. Arrivets, négociant, et M. Goudounèche, ancien instituteur à Paris. Il ne tarda pas, cependant, à être envoyé à Blidah où, jusqu'au jour de sa rentrée en France, il sut mériter les sympathies de tous.

Il revint à Amiens après l'amnistie. Grâce à la popularité dont il jouissait, il put remonter sa pharmacie. Il est mort pendant l'épidémie cholérique de 1866. C'était un homme de bien.

Isidore Thuillier est un marchand de bois d'Amiens, dévoué sans doute au parti républicain, mais dont le caractère inoffensif était notoire. On nous rapporte, au sujet de son arrestation, un fait dont nous ne pouvons garantir l'authenticité, mais qui serait caractéristique de cette époque de tristesse et de deuil. Comme on s'étonnait devant le général Boyer de l'arrestation de Thuillier, le général répondit : « Je le regrette, mais on « me l'avait dénoncé; que voulez-vous, il fallait bien « faire quelque chose. »

Thuillier était parti d'Amiens avec sa voiture, par un mercredi de février 1858, pour se rendre au marché d'Abbeville, où il devait rencontrer des marchands de bois. Dans la soirée, il quittait Abbeville; mais, quelques heures après, la police et la gendarmerie, qui avaient ordre de l'appréhender, arrêtaient tous les voyageurs qui se trouvaient à Abbeville, espérant le trouver dans le nombre. Sur l'indication qui fut donnée aux gendarmes, que Thuillier était parti pour Crécy, ils y accoururent, mais fouillèrent en vain le village, et tous ceux qui se rencontrèrent sur la route.

Le lendemain, Thuillier se rendit à Marcheville pour les besoins de son commerce, et se dirigea ensuite sur Vron. A Marcheville, où les gendarmes étaient arrivés, un individu, qui fut pris pour Thuillier, fut arrêté. Toutes les brigades de l'arrondissement étaient sur pied pour mettre la main sur ce malheureux Thuillier qui ne s'en doutait guère. Tous les villages, toutes les campagnes furent battus. Enfin, le surlendemain, vendredi, 26 février, à trois heures du matin, Thuillier fut arrêté à Villers-sur-Authi, où il était descendu la veille au soir. Il fut conduit à Abbeville, ensuite à la prison d'Amiens, où on le dépouilla de son argent, de tous les objets qu'il avait sur lui, puis on le conduisit à sa cellule. « Mais si vous dites un mot de politique, si vous élevez la voix contre la religion, lui fit observer le gardien, j'ai l'ordre formel de vous mettre au cachot. »

Thuillier fut séquestré là pendant vingt-cinq jours, sans que personne pût parvenir jusqu'à lui.

Au bout de ce temps, il fut conduit devant le préfet Mouzard-Sencier, qui lui demanda s'il faisait partie d'une société secrète ? Sur sa réponse négative, M. le préfet lui dit :

« En connaissez-vous, des sociétés secrètes ?

— Aucune, répondit-il.

— Il faut faire des révélations, ajouta le préfet, votre liberté est à ce prix.

— Je ne suis pas un mouchard, répliqua Thuillier, et je n'ai rien du reste à révéler. »

Là-dessus, Thuillier fut reconduit en prison, où il resta encore douze jours. Au bout de ce temps, un commissaire de police vint lui apprendre qu'il partait pour l'Afrique en voyage de plaisir. Il pût, à grande peine, faire prier un de ses amis de lui apporter de l'argent, et il ne lui fut pas donné de pouvoir embrasser sa famille.

Enfin, on le mit dans une voiture cellulaire, où il trouva Chevalier.

Ces deux courageux citoyens souffrirent là dedans tout ce que souffrirent leurs malheureux compagnons d'infortune. Arrivés à Paris, on les conduisit à la gare de Lyon. Il était alors deux heures du soir. On leur offrit un morceau de pain et du fromage corrompu qu'ils refusèrent. Le lendemain, à midi, souffrant de la faim et de la soif, Thuillier, ayant demandé d'obtenir de quoi boire avec son argent, on lui répondit qu'on n'avait pas le temps ; ce n'est qu'à Dijon que, moyennant son propre argent, il put se procurer une bouteille de vin et un morceau de pain.

Enfin, il arriva à Marseille, et, de là fut dirigé sur l'Afrique.

Il est revenu à Amiens après l'amnistie.

CHAPITRE VI.

EMPRISONNEMENTS ET TRANSPORTATIONS DANS LES DÉPARTEMENTS DE L'EST.

Ardennes, Côte-d'Or, Jura, Marne, Meurthe, Moselle, Bas-Rhin, Haut-Rhin, Saône-et-Loire.

ARDENNES.

Dans ce département, parmi les victimes, on compte :
CHARLIER, chauffeur-mécanicien, à Rethel,
FOURNERET, fileur, à Sédan,
qui furent transportés en Afrique et internés à Tlemcen.

COTE-D'OR.

Celui qui présidait à l'administration du département de la Côte-d'Or en 1858, était M. Jean de Bry.

Ce département fournit à la transportation le nombre demandé de citoyens. Voici leurs noms :

>Louis Colot, modeleur, à Dijon.
>Renardet, ancien notaire.
>Moreau, notaire à Saulieu, ancien conseiller général.
>Machart, professeur de physique, à Dijon.

Le 24 février 1858, à cinq heures du matin, huit agents de police et le commissaire central pénétrèrent dans le domicile du citoyen Colot. Le commissaire central lui dit qu'il avait un mandat de perquisition ; il protesta en vain contre cette étrange façon d'agir. Son appartement fut fouillé dans tous ses coins et recoins, et les agents de l'autorité ne trouvèrent qu'un rouleau de papier qui était *un essai sur le drainage et un projet de crédit agricole*, deux pistolets espagnols, gravés et damassés de fleurs de lis en argent dont les batteries étaient brisées et que Colot conservait comme objet d'antiquité, et un petit couteau de chasse.

Ces objets saisis, on procéda à l'arrestation de Colot, qui fut conduit à la maison d'arrêt de Dijon. Son écrou fut dressé, et, avant d'entrer dans un cachot, il dut supporter l'humiliante formalité qui consiste en la visite des poches et de la personne. Arrivé dans une cellule où il fut mis au secret, il demanda successivement de la paille, car celle qui s'y trouvait était pourrie, de l'eau, car celle qui était dans la cruche sentait mauvais, du feu, car il faisait un froid terrible; il n'obtint rien. Seulement un gardien, qu'on aurait pu croire muet, lui apporta un morceau de pain et un peu de bouillon.

Le lendemain, il trouva sur le préau les citoyens Machart et Renardet. Ce dernier, qui revenait de Paris, avait été arrêté à la gare, à sa descente du train.

Tous trois ignorant la cause de leur arrestation, écrivirent au procureur impérial et au préfet pour savoir de quel crime ils étaient accusés, mais ne reçurent pas de réponse.

Ils restèrent là onze jours sans communication avec le dehors. Enfin, le douzième jour, plus heureux que la plupart de leurs coreligionnaires, qui subissaient en ce moment le même sort qu'eux, ils purent recevoir leurs femmes, leurs sœurs, leurs familles. Pendant ce temps, comme nous l'écrit l'un d'eux, « on fabriquait à Paris la loi des suspects. »

Le 18 mars, un commissaire de police et deux agents les firent descendre à la geôle, et on leur lut « une paperasse » qui les condamnait à la transportation en Algérie. Les malheureux protestèrent de nouveau en demandant des juges. Des juges!...

Étaient-ils seuls frappés dans leur département? Ils l'ignoraient, quand, le lendemain, ils virent arriver le citoyen Moreau de Saulieu qui, arrêté dans son domicile, avait été amené à la prison les menottes aux mains.

Dans la nuit du même jour, vers une heure du matin, ils entendirent dans les couloirs de leur prison des bruits de voix et de sabres ; on les prévint d'*avoir à faire leurs malles*, et on les conduisit à la gare du chemin de fer où une voiture cellulaire les attendait. On les y plaça dans la situation que nous aurons souvent occasion de dire, et ils partirent pour Marseille où ils arrivèrent dans la soirée.

Des militaires furent obligés de les soulever par les bras et de les porter dans les casemates du fort Saint-Nicolas.

Ils trouvèrent là nombreuse compagnie, GALAY, LE FAUCHEUX, BONNET, DE L'ALLIER, FLACHON et le docteur BLANSUBÉ de Saint-Étienne, et beaucoup d'autres.

Les casemates étaient pleines ; ils furent obligés dans celles où ils étaient de se tenir debout à tour de rôle, pendant que les autres reposaient par terre. Le troisième jour, ils furent séparés, les citoyens Machart et Renardet faisaient partie du premier convoi et partirent pour l'Afrique. Le lendemain Moreau et Colot faisaient partie du second convoi ; ils étaient 45 ; ils furent hissés à bord de *Griffon*. Ils débarquèrent à Mers-el-Kébir, après avoir écouté toutefois une touchante allocution du commandant du bord qui leur manifesta ses regrets, et leur souhaita un prompt retour dans la métropole.

Ils furent conduits au camp Saint-André, où, sous la direction d'un officier du génie, et armés de pelles et de pioches, ils durent déblayer et nettoyer leur nouvelle prison.

Ils restèrent là, quelque temps sous la surveillance d'un peloton du deuxième zouave qui avait la consigne de ne laisser pénétrer personne. Un jour, cependant, des dames d'Oran vinrent au nom de la démocratie de cette ville leur apporter des oranges, des fleurs et des cigares. Certes c'était là une démarche bien innocente, l'officier qui commandait l'escouade, s'en montra pourtant fort courroucé.

Quelques jours après ils furent divisés en quatre colonnes : l'une fut dirigée sur Mascara, l'autre sur Tlemcen, la troisième sur Sidi-bel-Abès et la dernière sur Mostaganem. Moreau faisait partie de celle de Mascara, Colot de celle de Mostaganem ; on leur fit une distribution de biscuit, et ils partirent à pied pour leurs destinations respectives.

Ces quatre citoyens sont tous rentrés depuis dans leur pays.

Colot est aujourd'hui employé à Dijon. Machart est mort il y a quelques mois ; Renardet habite la France.

Moreau, qui est le frère de l'ancien représentant du peuple de ce nom, habite Saulieu.

Quel avait été leur crime, leur seul crime ? ils avaient aimé la République.

JURA.

Il y eut dans ce département quatre transportations :

Paul-Émile Perret, de Saint-Claude;
Debrand, pharmacien à Salins;
Bernard, vigneron à Salins;
Bellegue, meunier à Pougny.

Les citoyens Debrand et Bellegue furent internés à Bougie, où ils arrivèrent avec vingt autres dans la nuit du 8 au 9 avril 1858. Ils logèrent à l'hôtel *des Palmiers*[1], et furent ensuite placés sous le commandement du capitaine Cotelle.

Le citoyen Bernard, interné aussi à Bougie, suivit le sort du citoyen Debrand.

Quant au citoyen Perret, nous ne savons rien de particulier sur son compte.

1. Voir département du Loiret.

MARNE.

Ce département compta quatre transportés :

Pons, tailleur de limes à Reims;
Grombak, tisseur à Reims;
Bertrand, tisseur à Reims;
Lorinet, serrurier à Reims.

Les citoyens Pons et Grombak furent transportés en même temps et internés à Mostaganem.

Quant au citoyen Bertrand et son beau-père, le citoyen Lorinet, ils ne furent transportés qu'en septembre 1858. Le premier laissait à Reims une femme dans la misère et trois enfants en bas âge.

MEURTHE.

Le préfet de ce département était M. Albert Lenglé. Voici le noms des citoyens arrêtés et transportés :

Ferdinand Lelièvre, ancien greffier à Nancy;

PAILLIER, cordonnier à Nancy;

RUOTTE, marchand de vins en gros à Nancy.

Un autre devait également faire partie du sinistre convoi, c'était le citoyen A. BOURREIFF, qui agile comme un cerf avait eu le temps de brûler la politesse aux agents chargés de procéder à son arrestation, et de s'échapper en sautant par-dessus les murs de son jardin. Un autre encore, le docteur E. MARCHAL, a été inquiété, mais n'a subi qu'une simple visite domiciliaire.

Le 24 février 1858, FERDINAND LELIÈVRE vit arriver chez lui le commissaire central de police et cinq agents. On lui déclara qu'on venait faire chez lui une perquisition qui dura quatre heures sans résultats. On se borna à saisir quelques papiers insignifiants, et le commissaire le pria poliment de l'accompagner à son bureau situé à l'hôtel de ville, où on le mit immédiatement en état d'arrestation. Il fut conduit d'abord à la prison de la *Monnaie*, puis à celle des *Tabacs* où il rencontra les citoyens PAILLIER et RUOTTE. Ce sont eux trois, comme nous l'écrit plaisamment l'un d'eux, qui eurent l'honneur de pendre la crémaillère dans cet établissement, auquel on venait de mettre la dernière main.

Ayant écrit au préfet, M. Albert Lenglé, pour connaître la cause de leur arrestation, un commissaire de police vint les soumettre à une sorte d'interrogatoire assez grotesque. On leur demanda s'ils faisaient partie de sociétés secrètes? S'ils étaient prévenus de l'attentat du 14 janvier ? Puis leur faisant un crime d'avoir soutenu l'année précédente la candidature du général Cavaignac à Nancy, on osa leur demander de qui ils étaient les agents en cette circonstance? Où ils avaient pris la profession de foi du général et les bulletins, etc.? Et on leur adressa encore quelques autres questions toutes plus saugrenues les unes que les autres, et l'interrogatoire se borna là.

Ils restèrent en prison pendant un mois. C'est pendant ce temps que le maréchal Canrobert, nommé commandant du 3e corps d'armée, faisait son entrée triomphale à Nancy. Enfin le 19 mars, un commissaire de police agissant aux poursuites et diligences de M. le préfet, leur notifia un arrêté du ministre Espinasse qui ordonnait leur transportation en Algérie. On eut la gracieuseté de leur dire qu'ils y seraient conduits aux frais de l'État.

Le 24, à quatre heures du matin, on leur annonça qu'ils allaient partir. A cinq heures, en effet, ils se trouvaient tous levés, réunis à la geôle. Mais c'était une fausse alerte. Ce n'est que le soir, vers six heures, tandis qu'ils achevaient chacun dans leur cellule leur triste repas que le directeur de la prison vint d'un air consterné leur annoncer qu'ils partiraient à huit heures en voiture cellulaire.

On les conduisit immédiatement à la gare dans des voitures de place. Là on les fit grimper dans la voiture cellulaire qui les attendait huchée sur un truc, deux heures avant le départ du train. Pour arriver dans les cellules, il leur fallut gravir une échelle fort roide, ce qui faisait dire à Ruotte : « Est-ce qu'on nous fait monter à la guillotine? »

Plus heureux cependant que bien d'autres, ils obtinrent, grâce à l'insistance du directeur de la prison et du chef de gare, que le conducteur de la cellulaire voulût bien se charger de leurs malles.

Une fois « encaqués dans cette abominable barique » où d'autres se trouvaient déjà, ils purent se reconnaître par la parole…. Il y avait là BOURQUIN et GROELLI du Haut-Rhin; BOERSCH, WEIN, KELLER et ZABERN, du Bas-Rhin; GARANTIE, WIBROTTE et SIBERT, de la Moselle, « en sorte qu'ils étaient là douze colis ou numéros, tous étiquetés : *Dangereux.* »

Enfin à neuf heures, ils quittaient les rives de la Moselle se dirigeant sur Paris, où ils arrivèrent à cinq heures du matin. Là, ils furent conduits à la gare de Lyon où ils attendirent dans leur cellule le départ du train de deux heures et demie du soir.

Ils passèrent ce temps à examiner leur cercueil. On sait en quoi il consiste. Un long rectangle divisé en deux parties par un couloir. Chacun des deux côtés contient six cellules hautes de 1^m,80 et larges en haut de 0^m,70, et en bas de 0^m,40. GARANTIE de la Moselle en prit lui-même la mesure. Les cellules sont éclairées du plafond par une petite ouverture qui ne permet pas même de lire ; elles sont percées à l'intérieur d'une portière percée elle-même d'un volet et garnie d'un grillage. On leur laissa le volet ouvert et on leur fit grâce des chaînes, qu'on se contenta de leur montrer. Pour siége, une vespasienne infecte mal close par un ventail couvert d'un méchant cuir et contenant un récipient en zinc destiné à un double usage. La nuit, on les gratifie d'une couverture sale, et dans chaque cellule se trouve probablement, sous prétexte de pantoufles, une paire de gros sabots.

On peut se faire une idée des souffrances qu'on doit endurer là dedans quand on songe que quelques-uns y sont restés sans descendre pendant 96 heures, les autres pendant 66 heures, 61 heures, 52 heures, 46 heures, etc., etc.

Dans celle où se trouvaient les transportés de la Meurthe se trouvaient aussi ceux du Bas-Rhin, tous quatre d'une structure athlétique et dont l'un d'eux, le citoyen Bœrsch, était pour comble atteint d'une sciatique dont il souffrait horriblement.

Avant de quitter Paris, le convoi dont nous parlons nota deux incidents caractéristiques. A la sortie de la gare, des plâtriers qui travaillaient sur un échafaudage, ayant reconnu l'un d'eux, les saluèrent noblement en mettant la main sur le cœur. Plus loin, quelques bourgeois s'approchèrent d'eux et dirent : « C'est de la bande à Vidocq! »

Ils arrivèrent enfin à Marseille le 26 mars, à 5 heures du soir. Ils furent débarqués au fort Saint-Nicolas. Pour y arriver, il faut gravir une petite montée; des porte-faix s'offrirent pour porter les malles des voyageurs, mais la garde les repoussa et ceux-ci furent encore obligés, pouvant à peine se tenir debout, de traîner leurs bagages jusque dans leur nouvelle demeure.

Nous profiterons de l'occasion qui nous est offerte pour parler avec quelques détails du fort Saint-Nicolas, qui recueillit une grande partie des déportés de 1858, et à un point de vue général de la transportation. Au surplus, l'excellent citoyen FERDINAND LELIÈVRE, qui nous a donné entre autres renseignements un récit très-complet de la transportation dans la Meurthe, nous en donne lui-même le moyen, et nous en profitons en le remerciant ici au nom de la démocratie, des notes précieuses qu'il a recueillies touchant les transportations de 1852 et celles de 1858.

Le fort Saint-Nicolas est une assez vaste forteresse qui défend l'entrée du vieux port. Les *Présentines*, la prison civile, étant pleine déjà de proscrits, on dut le faire servir à cet objet pour lequel il n'existait pas précisément. Nos malheureux coreligionnaires et amis étaient là claquemurés dans la geôle militaire du fort.

Représentez-vous trois cours en pente rapide, communiquant entre elles et fermées par de hauts bastions, sous lesquels sont pratiquées des casemates et des cachots voûtés. A l'extrémité droite de la plus reculée des trois cours, il y a une petite chapelle où les condamnés à mort passent leurs quatre derniers quarts d'heure de réflexion. Au-dessus de leurs têtes les prisonniers politiques voyaient se promener sur les remparts les sentinelles chargées de veiller sur eux.

Beaucoup eurent à se plaindre des privations de toute sorte qu'ils y endurèrent. On le croira sans peine, et ce que nous aurons occasion de dire ailleurs le démontrera suffisamment.

Le convoi qui emmenait les transportés de la Meurthe en Afrique partit le 27 mars de Marseille. Il était composé, outre les trois citoyens dont nous connaissons les noms, de Groelli, de Keller, de Zabern, de Garantie et de huit autres de divers départements, parmi lesquels le docteur Desmoulins de Tours. On leur adjoignit une vingtaine de soldats envoyés aux compagnies de discipline.

Le Sinaï sur lequel ils étaient montés les transporta rapidement dans le port d'Alger, où ils arrivèrent le 29 mars à 4 heures du matin. Un agent vint faire leur recolement et ils furent immédiatement conduits à l'*hôtel Laffitte,* rue Salluste. C'est ainsi que les transportés appelaient la prison militaire d'Alger, du nom de son directeur.

Qu'on se représente une cour de treize pas carrés, pavée en pierres noires, fermée par quatre bâtiments à deux étages de construction mauresque. Les prisonniers politiques logeaient au second étage, les détenus militaires au premier; le rez-de-chaussée était occupé par le greffe, les cuisines, etc., et les caves par des cachots où grouillaient des Arabes accusés de vol, de viol ou d'assassinat.

Le règlement de l'*hôtel Lafitte* assujettit les détenus au régime suivant : appel matin et soir ; dans la nuit deux rondes militaires qui venaient mettre la lanterne sous le nez des transportés pour voir s'ils n'avaient pas pris leur vol. Tous les jours à dix heures, on leur servait invariablement une soupe au riz renfermant « un morceau d'un bœuf qui devait, nous dit notre correspondant, descendre en droite ligne de l'une des sept vaches maigres du songe de Pharaon. » Pas de vin, et le soir rien. Ceux qui « avaient autant d'argent que d'appétit » pouvaient se procurer à dîner à la cantine. Quant aux autres, ils en étaient quittes pour se serrer le ventre. De plus, l'établissement ne possédant ni tables, ni bancs, les républicains étaient obligés « de mettre la potée par terre et de manger autour comme des chiens courants, cinq par gamelle. » Enfin, à leur entrée, on les avait désarmés de leurs couteaux, « ce qui les rapprochait par trop, on en conviendra, de l'état primitif de nature chanté par le poëte. »

On ne s'étonnera pas qu'après quelques jours de ce régime-là, plusieurs durent être conduits à l'hôpital. Mais aussi, à l'hôpital, ils avaient l'agrément de voir inscrit en tête de chacun de leurs lits : N°.... *régiment des transportés!* C'est ce qui arriva aux citoyens Lelièvre et Paillier.

En sortant de l'hôpital on les envoya en internement à Tenez.

D'Alger à Tenez, il y a une traversée de quinze heures. Un convoi de quatorze transportés fut embarqué sur *le Titan*, le 4 avril à huit heures du soir, et arriva le lendemain à onze heures du matin à destination. Il fut débarqué à trois heures du soir. De ce convoi faisaient partie, outre RUOTTE de Nancy, SAUNIER de Lyon, GARANTIE de Metz, FARIAU de Tours et d'autres. Pendant tout le temps de la traversée et sans aucuns motifs, le capitaine ne trouva rien de plus amusant que de faire *mettre aux fers* sur le pont les quatorze républicains. GARANTIE et FARIAU notamment furent attachés sur l'avant du vaisseau à la même tringle que trois Marocains condamnés pour crime.

On nous assure même, sans que nous ayons pu vérifier le fait, qu'après cet exploit le capitaine, en digne catholique, fit mettre à genoux tous les hommes de l'équipage, et leur lut lui-même une prière. C'était le jour de Pâques, et pour les catholiques c'est une grande fête.

Nous dirons ailleurs de quelle vie vécurent nos malheureux amis dans leurs lieux d'internement.

MOSELLE

Le préfet de ce département en 1858 était M. Malher. M. de Gérando y était procureur général. Le général Marey-Monge y commandait la division.

Il y eut trois victimes :

>GARANTIE, menuisier en bâtiment à Metz.
>WIBROTTE, maître d'hôtel à Metz.
>SIBERT, carrier et cultivateur à Remilly (canton de Pange).

Le citoyen GARANTIE était en même temps que menuisier, choriste au théâtre. Personne, à Metz, ne le connaissait pour un homme politique.

Le citoyen WIBROTTE, maître d'hôtel, rue Chambrière à Metz, avait été, en 1848, capitaine d'une compagnie de volontaires, dite les *Montagnards*. Il avait été exilé au coup d'État et avait dû passer plusieurs années en Belgique.

Le citoyen SIBERT avait déjà été déporté en 1852.

Tous trois furent arrêtés le 24 février 1858. Leur rôle et leur influence politiques étaient considérés comme nuls, et personne ne comprit rien à leur arrestation.

Mme Wibrotte, femme fort énergique, mère de six enfants en bas âge, courut de tous les côtés pour savoir les motifs de ces rigueurs, mais ne put rien obtenir. Il n'y avait pas de raisons ! qui donc aurait pu en donner ?

Quoi qu'il en soit, ils furent transportés à Marseille en voiture cellulaire. Ils faisaient partie du convoi où se trouvaient les transportés de la Meurthe et du Haut-Rhin. A Marseille, où ils arrivèrent brisés, les jambes enflées et meurtries, ils furent enfermés au fort Saint-Nicolas et couchèrent, comme leurs camarades, sur de la paille dans des cachots infects.

De Marseille ils furent embarqués pour Philippeville et furent ensuite dirigés sur Guelma.

Garantie faisait partie de ce convoi de républicains qui, transportés d'Alger à Tenez sur *le Titan*, furent mis aux fers pendant tout le temps de la traversée. Il jouit même de ce privilége, conjointement avec le citoyen Fariau de Tours, d'être enchaîné avec deux Marocains condamnés pour crime.

BAS-RHIN

Le Bas-Rhin s'est toujours fait remarquer par son énergie républicaine. On n'a pas oublié la grande démonstration populaire de 1851, qui, conduite par Flocon, faillit entraîner un régiment avec elle. Il devait y avoir évidemment là des gens qui n'aimaient pas l'Empire, et qu'on pouvait ainsi accuser de complicité morale avec Orsini.

M. Mignet, actuellement conseiller d'État, était alors préfet du Bas-Rhin.

Le 24 février 1858 à midi, au milieu de la tranquillité générale, les quatre citoyens, dont les noms suivent, furent arrêtés :

    Jean-Jacques Boersch, meunier à Strasbourg.
    Charles Keller, négociant à Strasbourg.
    Guillaume Zabern, fabricant de chandelles à Strasbourg.
    Théodore Wein, couvreur à Strasbourg.

I

Ces quatres citoyens furent arrêtés le 24 février, jour anniversaire de la République et conduits à la maison d'arrêt. Le 18 mars suivant, un commissaire de police vint leur annoncer qu'ils allaient être transportés en Afrique. Il fut alors reconnu que l'on avait, par erreur, arrêté Georges Wein à la place de Théodore Wein, son frère. Ce dernier n'hésita pas à venir spontanément se constituer prisonnier et prendre la place de son frère.

Ils furent tous les quatre enfermés dans une voiture cellulaire, sans qu'on leur eût même laissé le temps de prendre ni manteau, ni linge. La voiture se dirigea successivement sur Nancy et sur Metz pour y prendre les victimes de ces deux villes, et ils furent tous dirigés sur Marseille ; pendant ce long voyage, les malheureux républicains souffrirent le martyre dans ces étroites cellules où ils étaient obligés de garder une immobilité complète. Le citoyen Bœrsch, qui était atteint d'une sciatique, endura, paraît-il, des souffrances atroces.

Arrivés à Marseille, ils furent enfermés dans les casemates du fort Saint-Nicolas.

Cinq jours après, ils furent embarqués sur un bateau des Messageries et débarqués en Afrique, successivement conduits à Philippeville et à Bône, et enfin internés à Guelma (province de Constantine).

II

Jean-Jacques Bœrsch était un républicain de vieille date, homme fort considéré à Strasbourg, ancien conseiller municipal, et propriétaire du plus riche moulin de la ville. En 1851, il avait pris part à la défense de la loi et de la constitution, et s'était mêlé à la grande démonstration populaire de Strasbourg dont nous avons parlé et qui faillit entraîner dans la résistance le 4e régiment d'artillerie, caserné au quartier d'Austerlitz. Fugitif à cette époque pendant quelques mois, il avait pu rentrer à Strasbourg, où il fut interné dans son usine d'où il ne pouvait sortir sans une autorisation spéciale du commissaire central. Il est de retour à Strasbourg depuis sa transportation, et à la tête d'une industrie considérable.

Charles Keller, au 2 décembre, avait été arrêté sur la place d'Austerlitz, emprisonné, puis transporté en Afrique d'où il était revenu à Strasbourg en 1857. Pendant son absence, il avait dû abandonner son commerce aux mains de ses employés, et il en éprouva un très-grand préjudice. Au retour de sa seconde transportation, il trouva ses affaires très-compromises et mourut quelques mois après.

Guillaume Zabern avait été également transporté, après le coup d'État, pour avoir cherché à soulever le 4ᵉ régiment d'artillerie et l'avoir énergiquement appelé à la défense de la loi. Son industrie fut ruinée par sa transportation. Il était revenu pourtant à Strasbourg quelques mois avant l'attentat du 14 janvier, et cherchait à remonter ses affaires lorsqu'il fut de nouveau transporté. A son retour, il se trouva dans une ruine complète, fut déclaré en faillite; il a émigré en Amérique en 1867.

Théodore Wein avait été condamné, en 1851, par la commission mixte à cinq années de déportation en Afrique; il fut alors conduit de Strasbourg à Paris de brigade en brigade comme un malfaiteur. Sa peine ayant été commuée en celle de l'exil, puis en celle de l'internement à Strasbourg, où il vivait sous la surveillance de la police, lorsqu'arriva 1858. A son retour d'Afrique, il a quitté la France.

III

Un arrêté de transportation fut aussi notifié dans le Bas-Rhin au citoyen Walters, tisserand à la Robertsau : il était dans une maison de fous depuis dix-huit mois!!

HAUT-RHIN

Ce département compte deux victimes :

> Bourquin, propriétaire-cultivateur, à Chavannatte, canton de Belfort.
> Groelli, menuisier, à Baerentzwiller, canton d'Altkirch.

Il devait y en avoir une troisième, mais le mandat d'amener était délivré contre un citoyen qui depuis cinq ans habitait les États-Unis.

Quant au citoyen Bourquin, le mandat d'amener délivré contre lui le portait domicilié dans une commune qu'il avait quittée depuis quatre ans, à l'époque de son mariage. Comment donc avait-on pu savoir s'il s'était rendu coupable de *faits nouveaux* qui le rendaient dangereux pour la sûreté publique ?

SAONE-ET-LOIRE.

Le département de Saône-et-Loire qui, pendant tout le temps qu'a duré la république, fut si ferme, si courageux, si radical, qui depuis est bien déchu et où la vie politique ne semble se réveiller que depuis quelque temps, ne fut cependant pas épargné en 1858.

Le préfet était M. Ponsard. Tous les arrondissements ont fourni leur contingent :

Celui de Mâcon :

Doré, vannier, à Mâcon.
Tricard, négociant, à Mâcon.

Celui d'Autun :

Charles Mérandon, avocat, à Autun.

Celui de Châlon :

Douin, marchand de meubles, à Mâcon.

Celui de Charolles :

Defforges, pharmacien, à Paray-le-Monial.

Celui de Louhans :

Vénot, ancien notaire, à Saint-Martin en Bresse.

Il paraît que l'ordre d'arrestation envoyé par le préfet au sous-préfet de Charolles, portait : « Vous arrêterez le fils Dézera, s'il n'est pas marié. S'il l'est, vous arrêterez Defforges, pharmacien, à Paray le Monial. » C'est ce qui eut lieu.

Il y avait à Châlon un ancien représentant du peuple revenu depuis peu d'Espagne, où le décret du 9 janvier 1852 l'avait contraint de se réfugier, le citoyen Charles Boysset. N'était-ce pas là un homme dangereux pour la tranquillité publique? Le bruit courait déjà dans la ville qu'il avait été l'objet de visites domiciliaires, qu'il était traqué et il était devenu un véritable objet de curiosité publique.

Il ne fut toutefois pas arrêté. — Voici, au surplus, ce qui s'était passé : le sous-préfet de Châlon s'était rendu de sa personne au parquet du procureur impérial. — Le chef du parquet était absent. Le sous-préfet rencontra son substitut[1]. Il le pressa vivement de lancer un man-

---

1. M. Nadaud de Buffon, aujourd'hui avocat général à Rennes.

dat d'arrêt contre le citoyen Charles Boysset; mais le jeune substitut refusa énergiquement.

C'est sans doute à cette circonstance que le citoyen Boysset dut de ne pas être séquestré, puis transporté en Afrique. Voilà à quoi tiennent en France les destinées d'un homme !

Quant aux six citoyens arrêtés « selon les rites de la gendarmerie, » après avoir passé cinq semaines en prison, ils furent conduits à Marseille en voiture cellulaire, déposés au fort Saint-Nicolas, puis transportés en Afrique.

Le citoyen Vénot était atteint de paralysie. Depuis quatre mois, son mal le tenait cloué au lit sans possibilité de se lever ni de faire un pas. La gendarmerie vint l'arracher de son lit, puis, comme les autres, après avoir gémi pendant cinq semaines en prison, il fut conduit en voiture cellulaire à Marseille, puis en Afrique, où il fut interné à Bougie.

Les citoyens Doré et Defforges furent internés à Dellys, les autres ailleurs.

Depuis l'amnistie, ils sont rentrés en France !

CHAPITRE VII.

EMPRISONNEMENTS ET TRANSPORTATIONS DANS LES DÉPARTEMENTS DE L'OUEST.

Sarthe, Loire-Inférieure.

SARTHE

Le département de la Sarthe fournit quatre victimes à la transportation de 1858. Ce sont :

>   Henri Lemonnier, docteur-médecin à Château-du-Loir.
>   Hippolyte Le Cornué, ancien juge de paix au Mans, ancien sous-commissaire du gouvernement provisoire en 1848.
>   Hippolyte Pitet, tisserand à Mamers.
>   Jean-Baptiste Cornillaud, menuisier au Lude.

Le docteur Lemonnier, qui exerçait et exerce encore la profession de médecin dans une petite localité de la

Sarthe, vivait entouré de l'estime et de l'affection de tous, lorsque dans la nuit du 23 au 24 février 1858, il fut réveillé par des bruits de pas précipités. Il crut qu'on venait le réclamer pour un malade pressé. — Il alla ouvrir et fut arrêté et emmené sur-le-champ, sans même pouvoir prévenir ses parents, vieillards octogénaires qui habitaient avec lui.

HIPPOLYTE LE CORNUÉ, ancien juge de paix au Mans en 1830, sous-commissaire du gouvernement provisoire en 1848, fut arrêté à son domicile de la chaussée commune de Volnay, le vendredi 26 février 1858, à cinq heures du matin, par un commissaire de police du Mans, et emmené jusqu'à cette ville en chaise de poste sous l'escorte de la gendarmerie.

Le docteur Lemonnier et lui furent mis immédiatement au secret, où ils restèrent vingt-huit jours consécutifs.

Le jeudi 25 mars suivant, on les en fit sortir pour les conduire à Marseille en voiture cellulaire. — La voiture dans laquelle on les fit monter revenait de Brest, où elle avait conduit douze forçats. La grosse chaîne, destinée à les attacher, était encore dans le couloir de la voiture. Il s'y trouvait déjà trois citoyens de l'Orne et du Calvados.

Ils partirent à midi pour Paris, où ils arrivèrent à cinq heures du soir. La voiture cellulaire fut enlevée de dessus le train, et on leur fit passer la nuit tout entière sur la route sous la surveillance des gendarmes. On leur avait encore adjoint trois transportés de Paris que, sans doute pour aggraver leur supplice, on avait préféré faire coucher dans la voiture cellulaire que dans la prison où ils étaient détenus.

Le lendemain, la voiture fut remise sur le train, et ils arrivèrent le soir à Joigny. Là on jugea encore convenable de leur faire passer de nouveau la nuit sur la grande route en compagnie de deux nouveaux compagnons d'infortune qu'on était allé extraire de la prison.

Le surlendemain matin, 28 mars, ils reprirent le train pour se rendre à Beaune où ils passèrent encore huit heures de la nuit sur la route avec d'autres républicains qui leur furent adjoints. Ils restèrent ainsi dans cette voiture de galériens cinquante-sept heures consécutives.

Arrivés à Marseille le soir à huit heures, le corps brisé, les jambes enflées, ils furent écroués au fort St-Nicolas, où ils trouvèrent un lit de camp pour se reposer. Ils étaient rongés par la vermine, et, comme les forçats, il leur fallut manger à la gamelle.

On embarquait les transportés pour l'Afrique par fournées de cinquante ou soixante. Les transportés de la Sarthe quittèrent le fort St-Nicolas le 1er avril à dix heures du matin avec 55 autres victimes. Lorsqu'ils traversaient Marseille, la population voyant parmi eux des vieillards de 70, 72 et 74 ans, était émue et murmurait. Les gendarmes firent hâter le pas, et deux vieillards, qui ne pouvaient suivre, furent laissés dans un poste sur le passage.

Après soixante-cinq heures de traversée, ils arrivèrent devant Oran le dimanche, 4 avril, à cinq heures du matin. Ils furent conduits au camp St-André, toujours sous l'escorte de gendarmes et de soldats. Enfin ils partirent de là le 8 avril pour se rendre à Mostaganem, où ils étaient internés. Ils passèrent là de longs mois, vivant comme ils pouvaient sous l'œil vigilant de la police.

Depuis, le docteur Lemonnier est rentré dans son pays, où l'estime de ses concitoyens l'a appelé successivement au conseil municipal de la commune, et au conseil général du département. Quant à Le Cornué, il habite le Mans, et, toujours ardent pour le bien public, il espère bien voir la liberté renaître.

Pendant que ces deux courageux citoyens partaient pour l'Afrique, la main de l'autorité s'appesantissait sur un troisième innocent, le citoyen HIPPOLYTE PITET, brave ouvrier tisserand qui fut mis au cachot et un mois après également transporté en Afrique et interné à Oran, où il trouva de l'occupation comme jardinier.

Il en fut de même du citoyen CORNILLAUD qui, également transporté, fut interné à Bougie.

LOIRE-INFÉRIEURE.

Quelques jours après l'attentat Orsini, le bruit se répandit à Nantes que des ordres arrivés de Paris enjoignaient d'arrêter un certain nombre de citoyens honorables, connus seulement comme républicains. Bientôt le bruit prit corps, et l'on apprit avec étonnement que six personnes avaient été saisies la nuit dans leurs domiciles. Voici leurs noms :

CLÉMENCEAU, docteur médecin.
MASSELIN, typographe.
EVEN, couvreur.
PAGEOT, tanneur.
SEYEUX, ouvrier.
VILLETARD, chapelier.

Le docteur CLÉMENCEAU n'avait rien d'un conspirateur, mais esprit fin et délicat, il avait plus d'une fois couvert de ses sarcasmes certains personnages qui le haïssaien à cause de ses bons mots incisifs et mordants. Arrêté pour ce crime, il fut transporté à Marseille, où il allait être embarqué pour l'Afrique, lorsqu'un événement grave, qui avait profondément agité l'opinion publique à Nantes, força en quelque sorte l'autorité à le relaxer. Au moment de son enlèvement, en effet, sa fille, jeune personne d'une grande distinction, avait été subitement frappée d'une attaque de catalepsie, à la suite de laquelle elle perdit la parole ; elle resta plusieurs mois suspendue entre la vie et la mort. La ville de Nantes tout entière s'associa aux malheurs de cette infortunée famille, et la réprobation se manifesta d'une façon si énergique que le pouvoir n'hésita pas à faire revenir le docteur Clémenceau qui habite aujourd'hui la Vendée, entouré de l'estime générale.

Masselin était un typographe connu pour ses sentiments démocratiques et son énergie, et qui déjà avait été arrêté à l'occasion du procès dit de la Marianne.

Even était un couvreur que l'on regardait comme complétement inoffensif, et qui n'avait jamais joué qu'un rôle politique très-effacé. Transporté en Afrique, il y est resté.

Pageot était un tanneur qui jouissait d'une réputation d'honorabilité notoire. Il est aujourd'hui de retour à Nantes.

Seyeux était un simple ouvrier qui, jamais de sa vie, ne s'était occupé de politique. Il avait un frère, forgeron de son état, qui passait pour avoir fait partie de la société de la *Marianne*. C'était lui, qu'on avait voulu arrêter. Mais Seyeux, qui était célibataire et dont le frère était marié et père d'une nombreuse famille, n'hésita pas à se dévouer pour lui, acceptant ainsi courageusement les suites d'une méprise qui le conduisit en Afrique.

Masselin, Even, Pageot et Seyeux furent seuls transportés.

Quant à Villetard, chapelier, depuis longtemps il ne s'occupait plus de politique. Il était accablé des chagrins les plus cruels. Sa femme était devenue folle depuis quelque temps, et quand on l'arrêta, on trouva sur lui la quittance de l'hospice Saint-Jacques à qui il venait de payer la pension de celle-ci. Il fut relâché quelques jours après son arrestation.

CHAPITRE VIII.

EMPRISONNEMENTS ET TRANSPORTATIONS DANS LES DÉPARTEMENTS DU CENTRE.

Sommaire : Allier, Ardèche, Charente, Cher, Corrèze, Creuse, Dordogne, Indre, Indre-et-Loire, Loire, Loir-et-Cher, Haute-Loire, Nièvre, Puy-de-Dôme, Rhône, Haute-Vienne.

ALLIER.

Le préfet de l'Allier en 1858 était M. Genteur, aujourd'hui conseiller d'État.

Les victimes sont :

    A. Gazard, ancien préfet.
    Fargin-Fayolle (Sommerat), ancien représentant du peuple.
    Félix Lartaud, propriétaire à Chantelle.
    Georges Gallay, propriétaire aux Beccauds.
    Gigonon, à Montluçon.

Hylas le Moine, propriétaire à Malinet, ancien secrétaire général de la préfecture de l'Allier.

Philibert Bonnet, ancien agent voyer.

Lefaucheur, ancien conducteur des ponts et chaussées.

Philipon, docteur médecin.

Rioux.

On avait aussi lancé des mandats d'amener contre 1° le citoyen Chasserie, pharmacien à Saint-Pourçain, transporté en Afrique en 1852, interné à Milianah où il était mort le 7 juin de la même année, c'est-à-dire près de six ans avant l'attentat Orsini ; 2° le citoyen Gobert, transporté en Afrique en 1852, interné depuis 1853 à Blidah où il exerçait la profession de défenseur qu'il n'avait jamais abandonnée.

Le citoyen A. Gazard, un des défenseurs des accusés d'avril en 1835 devant la cour des pairs, ancien préfet des départements de l'Aveyron et de l'Allier, après avoir sous la présidence de M. Louis Bonaparte donné sa démission de préfet, s'était retiré dans une propriété qu'il possède dans le département de l'Allier, ne s'occupant plus absolument que d'agriculture. Il n'en fut pas moins saisi au coup d'État, condamné à la déportation à Cayenne[1], peine qui fut commuée en celle de l'exil.

---

1. La commission mixte du département de l'Allier était composée,

Lors de l'attentat Orsini, il était rentré en France depuis quelque temps. Il vivait retiré dans sa propriété consacrant tout son temps à des questions agricoles et si fort désintéressé de la politique qu'il ne recevait en fait de feuilles publiques que le *Journal de l'Agriculture* de Bixio !

Quand éclatèrent les bombes, il fut probablement, comme il nous l'écrit lui-même, le dernier de tous les Français qui connut le fait. Il en entendait parler par ses valets de ferme qui racontaient entre eux qu'on avait lancé des bombes sur le chef de l'État, mais comme il n'avait aucune idée de ces bombes, il leur disait que bien certainement ils se trompaient et que si on avait voulu assassiner l'empereur, on ne se serait pas servi de ce moyen-là. Ce n'est que cinq ou six semaines après qu'il apprit par son beau-frère, qui était venu le voir, les circonstances de l'aventure.

Il était donc bien loin de s'attendre à ce qu'on vînt le frapper pour ce fait, quand un jour, à minuit, six gendarmes pénétrèrent dans un jardin anglais contigu à sa maison d'habitation. Il fut prévenu de cette invasion par son homme d'affaires. Il crut d'abord que celui-ci se

---

en 1851, de M. de Charnailles, préfet, le général Eynard et de M. Delesvaux, alors procureur de la république à Moulins, aujourd'hui président de chambre au tribunal de la Seine. M. Delesvaux devait au citoyen Gazard, seul, les fonctions de procureur de la république, dont il était investi.

trompait, qu'il s'agissait de malfaiteurs, qu'il fallait repousser les armes à la main, et il maugréait déjà de n'avoir pas ses pistolets chargés, lorsqu'ouvrant ses fenêtres, il entrevit dans l'obscurité cinq ou six hommes couverts de longs manteaux, qui lui déclarèrent « qu'ils étaient gendarmes et qu'ils venaient auprès de lui pour avoir des renseignements sur un meurtre qui venait d'être commis dans les environs. » Le citoyen Gazard leur répondit qu'il n'était pas dupe de leur fable, mais que ne voulant pas fuir, il allait leur ouvrir. Il leur ouvrit en effet et les gendarmes (car c'en était) le déclarèrent en état d'arrestation. Le citoyen Gazard leur demanda l'exhibition du mandat en vertu duquel ils agissaient? ils lui montrèrent une simple lettre d'un officier de gendarmerie qui en ordonnant son arrestation, prescrivait d'y procéder aussi secrètement que possible.

Il fut conduit à l'instant dans une auberge voisine, où une voiture fut requise, et il arriva à Gannat à trois heures du matin. Il fut placé dans un cachot noir muré de tous côtés et sans fenêtre, n'ayant pour tout mobilier qu'un monceau de paille pourrie, et qui constituait à proprement parler une écurie. Il dut y demeurer jusqu'à onze heures du matin. Il lui fut possible d'entendre pendant qu'il était là, la voix de son ami Félix Lartaud qui, arrêté dans les mêmes conditions, se trouvait dans un cachot pareil au sien.

A onze heures du matin, ils reçurent la visite de M. le sous-préfet qui les fit transporter dans une chambre habitable. Quelques jours après, ils reçurent la visite de M. Genteur, le préfet du département qui les aborda en interpellant le citoyen Gazard par ces mots : « Pourriez-vous me dire, monsieur Gazard, pourquoi vous êtes arrêté ? » Celui-ci, légitimement indigné de cette question, répondit au préfet : « Est-ce que vous venez ici joindre l'ironie à l'inique violence dont je suis l'objet ? C'est moi qui vous somme de me dire pourquoi je suis arrêté ? avez-vous un prétexte à me donner ? etc., etc. » Le préfet se retira en lui disant qu'il serait sans doute prochainement relâché.

Il n'en devait malheureusement rien être et peu après les citoyens LARTAUD et GAZARD furent conduits sous escorte à la gare de Gannat, enfermés dans une voiture cellulaire et, au lieu de les conduire directement sur Marseille, on les fit rétrograder sur Paris. A la gare de Nevers on les fit stationner par un froid de plusieurs degrés au-dessous de zéro pendant sept heures sans leur permettre de descendre de leurs cellules. Au point du jour la voiture fut remplie par les transportés de la Nièvre. Ils arrivèrent à Paris, de là ils partirent pour Marseille où on les enferma au fort Saint-Nicolas. C'est là qu'ils rencontrèrent d'autres proscrits de l'Allier dont ils ignoraient encore l'arrestation.

De Marseille ils partirent pour l'Afrique : le citoyen

Gazard fut successivement interné à Mostaganem et à Alger et il est rentré en France au moment de l'amnistie; il habite aujourd'hui Clermont-Ferrand.

Plus heureux, comme il nous l'écrit lui-même, que beaucoup d'autres, sa constitution robuste, sa position de fortune lui permirent de ne pas trop souffrir de ses exil et transportation successifs. Mais il fut et est encore atteint dans ses affections les plus chères. Mme Gazard, une noble femme, atteinte lors de la première condamnation de son mari de violentes crises nerveuses, était presque rétablie en 1858 : lorsqu'elle apprit la nouvelle arrestation de son mari, elle retomba tout à coup, et depuis elle traîne une existence misérable, qu'on ne soutient qu'à force de soins et de précautions sans nombre.

Le citoyen FARGIN-FAYOLLE (Sommerat) est le frère du représentant le département de l'Allier à l'Assemblée législative républicaine en 1849. Il fut compromis au mois de juin de la même année dans l'affaire *du Conservatoire des arts et métiers* et condamné par la haute cour de Versailles à cinq années d'emprisonnement. Cependant l'arrêté qui le déportait en Afrique s'appuyait sur ce qu'il avait été déjà transporté en Afrique en 1852. Or, à cette époque il subissait sa peine à Belle-Isle-en-mer. C'est à lui que le préfet de l'Allier procédant à son interrogatoire demanda : « Que pensez-vous du gouvernement ? » Avouez que ce préfet aurait pu lui poser d'autres questions.

Le citoyen Félix Lartaud est un riche propriétaire du département de l'Allier, bon démocrate, mais homme inoffensif s'il en fut, qui n'avait jamais fait, comme il nous le dit lui-même, « que de la politique légale » mais qui avait en 1848 acclamé avec joie la république et qui à cause de cela avait été arrêté au coup d'État et conduit les chaînes aux mains en Afrique. En 1858, il fut naturellement saisi nuitamment et conduit par la gendarmerie de son canton à Gannat où il eut la douleur de rencontrer son ami intime le citoyen Gazard. — Il fut transporté en Afrique et interné dans la province de Constantine. Il est rentré en France et habite aujourd'hui Chantelle (Allier), entouré de l'affection des siens et de l'estime de tous.

Le citoyen Georges Gallay, très-riche propriétaire de l'arrondissement de la Palisse, est un des plus rudes champions du parti démocratique. Jamais homme riche n'a fait un plus noble emploi de sa fortune et il jouissait alors comme il jouit encore aujourd'hui, d'une grande influence sur les populations.

Courageux et dévoué, au 2 décembre, il réunit une troupe de paysans du Donjon et marcha à leur tête sur la Palisse, à la défense de la constitution et de la loi. Il ne craignit pas de sommer la gendarmerie de se retirer, et fort de son droit, celui alors de tous les Français, il engagea la lutte avec la force armée. Ils étaient maîtres de la ville, avaient fait le sous-préfet prisonnier, quand les troupes qui étaient envoyées de Moulins arrivèrent : ils durent céder au nombre[1].

A cette époque GALLAY fut arrêté au moment où il allait passer la frontière à Gex (Ain), et ramené de brigade en brigade par la gendarmerie jusqu'à Moulins, traité avec une véritable férocité par les agents de l'autorité qui, non contents de lui faire subir les plus mauvais traitements, le qualifiaient de brigand, d'assassin, de voleur...! Pourquoi ? parce qu'il avait eu l'audace de défendre la loi et la constitution républicaine confiée à la garde de tous les citoyens.

Il était donc, en 1858, une victime toute désignée. On ne l'oublia pas. Arrêté, il fut transporté en Afrique et interné à Mostaganem.

Quant à GIGONON, il y a à son égard un fait particulier à relever, c'est qu'il ne fut arrêté et transporté en Afrique qu'au mois de novembre 1858, c'est-à-dire plus de neuf mois après l'attentat.

Le citoyen HYLAS LEMOINE était propriétaire à Molinet, comme les autres uniquement occupé à ses affaires, mais il avait été sous la république secrétaire-général de la préfecture de l'Allier ! En Afrique !

Le citoyen PHILIBERT BONNET qui avait été agent-voyer, avait déjà été transporté lors du coup d'État. En Afrique !

Le citoyen LEFAUCHEUR qui avait été conducteur des

---

[1]. Voir la *Province en 1851*, par Eug. Ténot.

ponts et chaussées avait été également transporté lors du coup d'État. En Afrique !

Quant aux deux autres, les citoyens Rioux et Philipon, nous n'avons pu nous procurer aucuns renseignements sur leur compte.

ARDÈCHE

Les victimes sont :

>Louis Bonneaure, propriétaire à Boblogne.
>Ferdinand Terrasse, propriétaire à Genestelle.
>Esther Martin, propriétaire à Vals.
>Agrel, à Aubenas.
>Benjamin Darnoux, pâtissier, à Aubenas.

Le citoyen Bonneaure, honorable propriétaire de l'Ardèche, âgé de 56 ans, avait été traqué déjà en 1851, et fut à cette époque longtemps fugitif. Il n'échappa pas en 1858. Arrêté le 26 février, il était le 26 mars suivant transporté en Afrique.

Le citoyen Terrasse, propriétaire, âgé de 47 ans, marié et père de famille, avait été aussi traqué en 1851, et obligé de s'expatrier. En 1858, il suivit le sort du citoyen Bonneaure.

Le citoyen Martin, âgé de 47 ans, fut arrêté le 27 février, et emprisonné jusqu'au 26 mars suivant, et relâché à cette date pendant que ses deux codétenus étaient transportés en Afrique.

Le citoyen Agrel, qui était négociant à Aubenas, âgé de 40 ans, marié et père de deux petits enfants en bas âge, avait été à l'époque du coup d'État détenu à Belle-Isle. En 1858, il ne fut arrêté que le 26 mars le jour même où Bonneaure et Terrasse étaient transportés en Afrique. Il ne perdit rien pour attendre, et quelques jours après il suivit le sort de ses deux compatriotes.

Le citoyen Darnoux était pâtissier à Aubenas. Il était âgé de 33 ans, marié et père de deux enfants. Déjà au mois de janvier 1852, il avait été arrêté. Le 26 février 1858, il fut de nouveau arrêté et détenu jusqu'au 27 mars suivant époque à laquelle il fut mis en liberté.

Leur crime à tous ? Le même : ils sont républicains !

CHARENTE

Le préfet de ce département en 1858, était M. Rivière. Les victimes sont :

Durmeau, à Angoulême.
Paul Chazaud, propriétaire à Chabanais.

Faure-Desplantes, propriétaire, ancien maire d'Etagnac.

Plument, de Baillac.

Hugues Pouzy, ancien avoué à Rochechouart (Haute-Vienne), alors à Massignac (Charente).

Le citoyen Durmeau fut arrêté en février 1858, transporté à Marseille en voiture cellulaire, et de là conduit en Algérie où il fut interné à Souk-Harras,

Le citoyen Paul Chazaud avait déjà été arrêté après le 2 décembre et transporté en Afrique. Il était de retour depuis un an environ lorsqu'il fut, après l'attentat Orsini, victime d'une nouvelle persécution.

Tous les gens qui l'ont connu, à quelque parti qu'ils appartiennent, ne l'avaient jamais considéré comme un homme dangereux; doux et honnête, il était estimé de tous.

Les Chazaud sont une des familles les plus anciennes, et les plus distinguées de la Charente. Sans remonter plus haut que la fin du dix-huitième siècle, nous trouvons deux frères, l'un général de brigade et l'autre membre de la Convention nationale. Le citoyen Chazaud, le Conventionnel, avait trois fils, l'aîné receveur général à Poitiers, le cadet juge de paix à Chabanais, le troisième officier de cuirassiers sous la Restauration et maire de Confolens (Charente), après 1830. MM. Auguste Chazaud, ancien receveur général à Arras, aujourd'hui retiré au château de Boisbuché, et Jules Chazaud, ancien représentant du peuple à la législative de 1849, sont fils du receveur général de Poitiers. Le citoyen PAUL CHAZAUD, dont nous parlons, était fils du juge de paix de Chabanais [1].

Après son arrestation, en 1858, le citoyen Chazaud fut transporté en Afrique et interné à Tlemcen. A son retour après l'amnistie, il vint dans son pays, recueillir les débris de sa fortune, et reprit cette fois volontairement le chemin de l'exil. C'était désormais une existence à jamais brisée. Il vient de mourir il y a deux mois à Lausanne (Suisse), où il occupait un modeste emploi dans une administration de bateaux à vapeur. Comme le faisait remarquer *Les lettres charentaises* en annonçant sa mort « quels remords ne doivent pas avoir aujourd'hui ceux qui par zèle ou par peur ont causé l'exil, la ruine et la mort de cet honnête homme! »

Le citoyen FAURE-DESPLANTES était un honorable propriétaire d'Étagnac qui, en 1848, avait été maire de sa commune. Arrêté en même temps que Chazaud, il fut transporté en Afrique et interné à Djidjelly où il devait rencontrer cette malheureuse femme, Mme Jarreau du Loiret et tant d'autres. Faure-Desplantes eut à se plaindre vivement de l'attitude des autorités militaires à son égard pendant le cours de sa transportation. Une fois,

---

1. Les *Lettres charentaises*, n° du 25 février 1869.

comme il sortait de l'hôpital de Bougie, après une grave maladie, et qu'il était complétement à bout de ressources, il réclama avec persistance les subsides auxquels il avait droit, et sur le refus non moins persistant qu'on lui opposa il déclara au sergent de la place, le sieur Lacroix, qu'il en écrirait au prince Napoléon, alors ministre de l'Algérie et des colonies. Pour ce fait de *lèse-sergent*, comme nous dit un de nos amis, le citoyen Faure-Desplantes eut à subir huit jours de prison.

Il est rentré après l'amnistie et habite aujourd'hui Étagnac, arrondissement de Confolens (Charente).

Le citoyen Plument, de Baillac, arrêté en même temps que Chazaud et Faure-Desplantes, fut également transporté en Algérie.

Le citoyen Hugues Pouzy était un ancien avoué de Rochechouart (Haute-Vienne), fort honorablement connu dans son pays. Au coup d'État, on le força à vendre son étude d'avoué, et il fut placé sous la surveillance de la haute police. En 1858, il se trouvait momentanément à Massignac (Charente), chez sa fille, qui nourrissait alors un jeune enfant de quelques mois. Dans la nuit du 25 au 26 février, un capitaine de gendarmerie et six gendarmes envahirent son domicile et le conduisirent à la prison de Rochechouart. Il dut à ses relations d'être relâché un mois après et de n'être pas transporté comme ses amis en Afrique. Mais sa fille fut prise, au moment de son arrestation, d'un trouble si violent, qu'elle tomba malade et que depuis elle ne s'est jamais rétablie.

CHER.

Le préfet de ce département, en 1858, était M. Piétri, actuellement préfet de police.

Nous ne connaissons que les noms de trois des victimes :

BRAULT, tailleur d'habits, à Précy.
JOBINIOT, cultivateur, à Charantonay.
NAPOLÉON LEBRUN, notaire, à Charost.

Le citoyen BRAULT fut arrêté, transporté en Afrique et interné à Tlemcen.

Le citoyen JOBINIOT, arrêté en février 1858, fut emprisonné, puis transporté en Afrique et interné à Sidi-bel-Abbès.

Le citoyen NAPOLÉON LEBRUN ne fut pas transporté. Les faits qui suivent ne disent que trop pourquoi !

Le 24 février 1858, à sept heures du soir, deux gendarmes de la brigade en résidence à Saint-Florent, dont l'un était le brigadier....[1], arrivent à Charost, chef-

---

1. Devenu depuis maréchal des logis et chevalier de la Légion d'honneur.

lieu de canton entre Bourges (Cher) et Yssoudun (Indre).

Ils remettent au commissaire cantonal un mandat d'amener et de perquisition contre le citoyen Napoléon Lebrun. Ils invitent M. Basset, maire de la commune, à les accompagner dans l'exécution de leur mandat. Tous quatre ensemble se rendent au domicile du citoyen Lebrun. Celui-ci était encore à table avec sa femme, son gendre et sa fille. Dans la salle à manger se trouvait la vieille mère de Lebrun, âgée de 80 ans. La pauvre femme, à la suite de l'arrestation de son fils, est morte de chagrin.

Dans la maison se trouvaient encore : un domestique, la cuisinière et le clerc de Mᵉ Lebrun, aujourd'hui notaire à Buzançais.

En entrant, le brigadier Lafond annonce au citoyen Lebrun qu'il a un mandat d'amener contre lui. « Je suis prêt à vous suivre, répond celui-ci, mais puis-je savoir ce qu'on me reproche ?

— Je n'ai pas mission de vous en instruire, répond le brigadier. — Nous avons aussi un mandat de perquisition, ajoute le commissaire de police Réthel [1].

— Libre à vous, dit Lebrun, rien n'est ici secret, voici la clef de mon bureau.

— Nous allons commencer à faire une perquisition sur votre personne, » ajoute le brigadier et, en disant

---

1. M. Réthel a eu depuis de l'avancement.

cela, il se jette sur le citoyen Lebrun, saisit de sa main gauche les deux pans de son gilet et plonge la main droite dans les poches de son paletot. Il retire quelques papiers insignifiants, entre autres un plan de construction, une note de journées d'ouvriers et quelques lettres d'affaires, et encore un mètre, des clefs et un porte-monnaie. Alors, il secoue violemment le citoyen Lebrun, le presse contre sa poitrine avec une révoltante brutalité.

A ce moment, le citoyen LEBRUN s'affaisse sur lui-même et tombe sur le parquet : il était paralysé de tout le côté droit, bras et jambe droits refusent tout service. La violence et le contact du gendarme avaient exécuté ce pauvre Lebrun.

On le relève, on le place dans une chaise à bras, il n'a pas encore perdu connaissance ; il regarde sa main droite et, la voyant inerte, il dit à son gendre qui était à la veille de le remplacer comme notaire : « Mon pauvre Alfred, je ne pourrai pas vous signer ma démission. » Ce devaient être ses dernières paroles. Il ne put plus rien dire, sa langue, à partir de ce moment, demeura comme figée dans sa bouche.

La famille voulut envoyer immédiatement chercher un médecin. Le gendarme, non encore satisfait, le défendit en disant « qu'il avait ordre de ne laisser sortir personne. » Cependant, le domestique, prenant une autre issue, fut en quérir un qui arriva quelques instants après.

Le médecin déclara qu'il y avait lieu de pratiquer une large saignée, mais que, comme Lebrun venait de manger, il fallait attendre deux ou trois heures. On envoie chercher encore un autre médecin à Yssoudun. Les deux hommes de l'art, tout tremblants devant le terrible brigadier qui *prétend que la paralysie est feinte*, disent cependant que Lebrun ne peut être transporté dans cet état. « Si, répondent en chœur les quatre représentants de l'autotorité, nous l'emmènerons. » et, comme la voiture s'attelait lentement, le brigadier ajouta : « *Si dans cinq minutes il n'est pas dans la voiture, je l'attache sur la croupe de mon cheval et ce ne sera pas long.* »

Mme Lebrun voulut monter dans la voiture à côté de son mari. « Point de ça, dit le commissaire, voilà une autre voiture, montez-y ; mais quant à lui, il restera seul. » Il fallut obéir.

On partit pour Bourges. La nuit était glaciale. Arrivé à Saint-Florent, le funèbre convoi fit halte devant la caserne de gendarmerie. Mme Lebrun voulut voir son mari ; on ne lui permit pas de s'approcher de la voiture où il était seul.

Enfin, on arriva à Bourges à la maison d'arrêt. On avait fait huit lieues. Le concierge de la prison s'émut de recevoir un prisonnier dans cet état ; et avant d'y consentir, il courut en référer au préfet. Le jour commençait à paraître, un médecin envoyé par l'autorité constata que la paralysie avait fait de notables progrès : la jambe droite était devenue toute verte, le malade était insensible aux brûlures. Un des gendarmes ayant dit : « Qui donc va le garder, là où on l'emmenera ? » l'homme de l'art se contenta de répondre : *La paralysie ne le lâchera pas, soyez-en sûr*. La voiture conduisit Lebrun à l'hôtel de l'Europe, puisque le geôlier n'en voulait point.

C'est là que, le 3 mars, vers deux heures du matin, le citoyen LEBRUN, n'ayant plus de libre que l'ouïe, les yeux et la main gauche, expira entre les bras de sa famille en pleurs.

Le jour même, le préfet envoya M. Bourdaloue, conseiller de préfecture, aujourd'hui juge au tribunal de Bourges, chez Mme Lebrun « pour lui offrir soit de la laisser emmener le cadavre de son mari à Charost, soit de le faire ensevelir à Bourges. » En même temps, le préfet fit appeler un ami de la famille et le pria de veiller à ce qu'aucun discours ne soit prononcé sur la tombe et que le convoi se fît de très-bonne heure le lendemain matin [1].

Nous n'avons rien à ajouter !

---

[1]. NAPOLÉON LEBRUN était le cousin du regrettable Michel de Bourges.

CORRÈZE.

Voici les noms des transportés de ce département :

Borie.
Dumont.
Delille, agent d'affaires à Bort.

Arrêtés le 24 février 1858, ils furent conduits à Marseille en voiture cellulaire. Ils faisaient partie de ce convoi qui mit 96 heures pour aller de Guéret à Marseille et qui comprenait l'infortuné Chassagnon de la Dordogne.

Transportés en Afrique, ils furent internés, au nombre de 23, à Mascara, où on les logea d'abord dans la caserne du 1er bataillon d'infanterie légère d'Afrique. Pour recevoir leurs nouveaux hôtes, les soldats de ce bataillon avaient préparé le café et le cognac sans oublier les cigares. Mais des officiers ayant su ce qui se passait, envahirent brutalement les chambrées, et renversèrent tous les apprêts.

Puis, incontinent, les transportés durent quitter la caserne et on les conduisit au *gourbi* des turcos. On voulait imposer aux sous-officiers des turcos la charge de surveiller nos amis, mais ces courageux et honnêtes soldats répondirent : qu'ils n'étaient pas des gendarmes.

Ainsi il n'était pas permis aux soldats d'honorer leurs concitoyens dans le malheur ! Il est vrai que le maréchal Randon l'avait ainsi ordonné !

CREUSE.

La Creuse compte quatre transportés :

ANDRIEU, instituteur à Guéret.
DELARIBEGRETTE.
BOLE.
LÉGUILLON

Ces quatre citoyens arrêtés à la même époque, se trouvaient dans cette voiture cellulaire portant le n° 6, qui mit 96 heures pour aller de Guéret à Marseille et qui contenait le citoyen CHASSAGNON de la Dordogne.

Le citoyen ANDRIEU fut le seul, à cause de sa constitution exceptionnellement robuste, qui put descendre sans aide de la voiture. On fut obligé de porter à bras tous les autres. Mais quelle que fût sa force il écrivait quelque temps après : « J'étais en arrivant dans une sorte de délire et j'avais la tête prête à se rompre ; j'aimerais mieux être fusillé que de repasser par une semblable épreuve. » Ajoutez à cela qu'on les avait tous mis au fer. Le conducteur de la voiture cellulaire leur disait qu'un seul homme, un forçat du Mans, y avait séjourné trois heures de plus qu'eux, mais qu'à l'arrivée on l'avait trouvé mort dans sa cellule.

Que faut-il penser de semblables cruautés ? La loi punit ceux qui frappent les animaux, absout-elle ceux qui martyrisent les hommes ?

DORDOGNE.

Nous ignorons le chiffre exact des transportés de ce département. Nous savons seulement qu'ils furent au moins au nombre de trois :

CHASSAGNON, peintre à Périgueux.
VALTON, à Périgueux.
BERTET, peintre en bâtiments à Sarlat.

Ces trois citoyens arrêtés presque en même temps furent emmenés en voiture cellulaire à Marseille. Ils avaient, pour compagnons de route, les transportés de la Creuse et de la Corrèze, les citoyens Andrieu, Delaribegrette,

Bole, Léguillon, Borie, Dumont et Delille. Leur voyage de Guéret à Marseille dura 96 heures. On ne peut pas paraît-il se faire une idée des souffrances que ces malheureux endurèrent. Ils étaient tous mourants en arrivant à leur destination. Il fallut les transporter à bras au fort Saint-Nicolas. Ajoutez à cela que pendant le trajet ils avaient été mis aux fers !

Mais il se passa un fait bien plus grave : le citoyen CHASSAGNON était un jeune homme de 28 ans environ. Il était atteint d'une phthisie pulmonaire, qui en était arrivée à sa période extrême. Il fut arraché de son lit et jeté malgré l'indignation publique en voiture cellulaire. Pendant tout le temps du voyage il ne cessa de râler, il demandait de l'air, il appelait sa mère..... l'infortuné ! Arrivé à Marseille, après quelques instants de repos, il montra un courage admirable ; il refusait obstinément d'être transporté à l'hôpital, disant qu'il voulait mourir au milieu de ses amis. Il n'eut pas cette consolation. Le lendemain de son arrivée au fort Saint-Nicolas, il fut transporté à l'hôpital, mais il expira en passant le seuil de l'hospice.

Quels commentaires pourrions-nous ajouter à ce fait ?

INDRE.

Le préfet de ce département était M. de Bouville.

Six arrestations; nous ne pouvons donner les noms que de cinq citoyens :

> Patureau Francoeur, ancien maire de Châteauroux.
> E. Perigois, propriétaire à la Châtre.
> Lelièvre, sellier à Issoudun.
> Ch. Briffaud, ancien sous-commissaire de la République.
> Arthème Plat, docteur-médecin à Martezay.

Le nom de Patureau Francoeur n'est inconnu de personne. La plume éloquente de Mme George Sand l'a rendu célèbre. Patureau Francœur, simple vigneron, honnête et intelligent entre tous, exerçait par sa moralité et sa bienveillance un grand ascendant sur la population ouvrière de Châteauroux. Deux fois candidat à la représentation nationale sous la République, un instant maire de Châteauroux, il avait maintenu la paix publique et protégé même ses ennemis. Transporté en 1852, il avait déjoué toutes les poursuites et ne s'était constitué que volontairement prisonnier. Il était parti comme tant d'autres pour l'exil. Pendant ce temps, ses amis cultivaient ses vignes. Il avait pu rentrer en France grâce à l'intervention de Mme Sand qui, dans beaucoup de circonstances, nous avons bien le droit de le dire en passant, ne sut pas assez respecter la conscience de ses amis, comme le jour où elle ne craignit pas d'aller demander au président la grâce de Greppo et de Marc Dufraisse. Quoi qu'il en soit, c'était là pour Patureau Francœur un titre suffisant en 1858, pour que les sévérités gouvernementales s'appesantissent sur lui. Il fut donc aussi arrêté et transporté. Il est mort en 1868, laissant sa famille presque dans l'indigence.

E. Perigois est un riche propriétaire de l'arrondissement de la Châtre, républicain dévoué qui, en 1848, a été secrétaire général de la préfecture de l'Indre. En 1852 il avait été exilé, et après avoir vécu successivement à Bruxelles et à Turin, d'où il était revenu grâce encore à l'intervention de Mme Sand, il s'était uniquement consacré à ses affaires. Mais n'avait-il pas dans son passé, comme il nous le dit lui-même, toutes sortes de titres à ne pas être oublié par la nouvelle persécution ?

Le jour, où l'ordre arriva à la Châtre de l'arrêter, il était allé chasser à la campagne, chez un de ses amis. Il sortait de table quand un autre de ses amis arriva à cheval le prévenir qu'on s'était présenté chez lui pour l'arrêter. Les gendarmes me suivent, ajouta ce dernier, vous n'avez que le temps de vous sauver. On entendait en effet déjà le galop des chevaux et le bruit des sabres. Il ne prit cependant pas la fuite et fut emmené par les gendarmes à la Châtre, d'abord chez lui où on procéda à une sorte de visite domiciliaire, puis à la prison.

Après un mois de secret, il lui fut possible de voir sa famille, puis une nuit on vint l'éveiller en sursaut, et on l'emmena entre un gendarme et un commissaire de police à Châteauroux où il fut écroué dans le pénitencier de cette ville. Pendant son séjour dans la prison de la Châtre, il avait reçu la visite « d'un petit secrétaire » de la préfecture qui lui parla un peu de tout, mais lui faisait surtout un grief de ce que son nom, aux dernières élections, s'était trouvé dans les urnes, sans même qu'il se fût porté candidat.

Les nouvelles démarches de Mme Sand en sa faveur n'aboutirent qu'à changer sa transportation en exil.

Lelièvre était un honnête père de famille, homme de conviction et de cœur qui avait joué un certain rôle en 1848 à Issoudun. En 1852, il jouissait d'une certaine aisance, était propriétaire d'un magasin de sellerie à Issoudun, mais avait été complétement ruiné par la transportation qu'il dut subir à cette époque.

En 185?, il faisait un petit commerce de beurre ; il fut arrêté au cours de l'un de ses voyages. Écroué successivement à la prison de la Châtre, puis à celle d'Issoudun, et enfin à celle de Châteauroux, il partit de là pour l'Afrique où il fut interné à Bougie.

Nous savons qu'il y a eu pour l'arrondissement d'Issoudun une autre transportation, mais nous n'avons pu nous procurer aucun renseignement à ce sujet.

Ch. Briffaud était un républicain de vieille date, qui avait été en 1848 sous-commissaire du gouvernement à la Châtre. Arrêté et conduit à la prison du Blanc, puis à celle de Châteauroux, il fut relâché au bout de quelques jours, on n'avait pas osé porter une main plus audacieuse sur sa vénérable tête blanche. Le préfet était toutfois venu le congédier en personne, en lui disant: « qu'il était fort heureux d'être aussi âgé, que sans cela il eût mérité toutes les rigueurs du gouvernement, qui se bornait à le soumettre à la surveillance de la haute police. » Tout cela fut dit, nous raconte le témoin oculaire et auriculaire qui nous transmet ces détails « avec un ton et une attitude bien étranges, vis-à-vis d'un vieillard dont la modération et la convenance n'avaient jamais fait question pour personne.... »

M. Briffaud fut remplacé par le docteur ARTHÈME PLAT qui, en 1852, n'avait pu échapper à la proscription que parce qu'il subissait déjà, à la prison de Châteauroux, une condamnation pour l'affaire de la *Solidarité républicaine*. C'était un démocrate actif, dévoué et intelligent. Il exerçait à Martezay, arrondissement du Blanc, la profession de médecin avec un dévouement et une philanthropie qui l'avaient rendu, à juste titre, très-populaire et très-influent. Envoyé en Afrique, il y est resté après l'amnistie et y est mort en 1861.

INDRE-ET-LOIRE,

Dans le numéro du journal d'*Indre-et-Loire* du 26 janvier 1858, on lisait: « Hier, diverses arrestations, *qui pa-*

« *raissent se rattacher à la politique*, ont été effectuées à
« Tours.

« Nous ignorons complétement par suite de quelles cir-
« constances ces mesures ont été prises. »

Le préfet d'Indre-et-Loire était alors M. Podevin. Il était devenu magistrat sous la République, et devait son avancement dans la magistrature au citoyen Crémieux, alors ministre de la justice.

Les citoyens arrêtés étaient au nombre de sept, savoir :

>Louis Desmoulins, médecin à Tours.
>Boitelle père, tisseur en soie, à Tours.
>Marié, tailleur, à Tours.
>Mauberger, homme de peine, à Tours.
>Fariau, marchand de rouennerie, à Tours.
>Touchelay, mécanicien, à Cormery.
>Ardange, charron, à Roche-Corbon.

Arrêtés, le 25 janvier, dix jours après l'attentat Orsini, les citoyens dont les noms précèdent furent conduits au pénitencier de Tours, où ils restèrent environ deux mois. Pendant leur séjour dans les cellules du pénitencier, ils furent soumis au même régime que les criminels au milieu desquels on les avait placés, c'est-à-dire qu'ils furent obligés de travailler comme les autres prisonniers, et de voir prélever sur leur travail, selon les règlements, les trois quarts de leurs bénéfices.

Le 20 mars au matin, les femmes des déportés étant venues, comme de coutume, à la prison apporter le déjeuner de leurs maris, apprirent avec stupeur que ceux-ci étaient partis, quelques heures avant, pour Paris.

Ainsi, sans leur donner la possibilité d'embrasser leurs familles en pleurs, et de faire quelques préparatifs pour le lointain voyage qu'ils devaient entreprendre, sans même leur permettre de prendre d'autres vêtements que ceux qu'ils avaient sur le dos, on les avait jetés dans une voiture cellulaire, en leur disant qu'ils étaient appelés en témoignage à Paris.

Arrivés à Paris, ces malheureux, qui croyaient avoir atteint le but de leur voyage, furent tout étonnés de se voir transporter à la gare de Lyon, où un train, partant pour Marseille, les attendait.

De Tours à Marseille, ces hommes, dont tout le crime était d'être républicains, ne bougèrent pas de place pendant quarante-huit heures, obligés de se tenir courbés, et firent plus de 300 lieues dans cette position d'autant plus cruelle qu'on était en hiver.

Arrivés à Marseille, on les conduisit au fort Saint-Nicolas, où ils trouvèrent un grand nombre d'autres déportés.

Deux jours après, quatre d'entre eux furent embarqués pour l'Afrique et dirigés sur Stora, à quelques kilomètres de Philippeville. Arrivés à Stora après une traversée de 44 heures, Touchelay et Ardange furent internés dans cette ville, pendant que Boitelle et Mauberger étaient conduits à Bône, puis à la Calle (province de Constantine).

Quant aux citoyens Desmoulins, Fariau et Marié, ils restèrent une huitaine de jours à Marseille, et furent embarqués pour Alger. D'Alger, ils furent conduits à Orléansville, où on les interna. Le citoyen Fariau fit partie de ce convoi de transportés qui furent enchaînés à une tringle sur le devant du vaisseau *le Titan*, pendant leur traversée d'Alger à Ténez.

Quelques jours après, Boitelle écrivait à son fils, dans une lettre que nous avons sous les yeux : « Nous sommes tous arrivés dans une nudité presque complète. On nous donne 0 fr. 90 c. par jour, plus le pain. Quant au logement, il nous faut payer 1 fr. pour deux par nuit.... Avec une pareille solde, je ne pourrai manger que du pain.... Nous sommes dans le pays le plus triste de l'Algérie, nous ne trouvons presque rien en fait de vivres, et le peu que nous trouvons nous est vendu trois fois plus cher qu'en France.... Je n'ai pas encore reçu les effets que tu avais mis au chemin de fer le lendemain de mon départ de Tours [1].... J'ai à te raconter des détails affreux sur la mort d'un de mes amis transporté à Stora, distant

---

1. Ces effets ne sont parvenus à Boitelle que huit mois après son arrivée en Afrique dans un état impossible, et il fut obligé de payer une somme de 12 fr. pour les avoir.

de 30 lieues de la Calle. Dans le courant de mai, il s'est absenté, et huit jours après sa disparition, on a trouvé sa tête, sans avoir pu découvrir aucune trace de son corps. Cet ami se nomme Lélu [1], est de Nevers, et était âgé de 50 ans. On ignore par qui il a été assassiné.... »

Les sept déportés de Tours avaient de 50 à 60 ans à l'époque de leur déportation. Un d'entre eux, Marié est mort en Afrique de la dyssenterie, maladie très-commune en Algérie, et qui sévit particulièrement sur les étrangers, peu habitués à supporter les grandes chaleurs. Ses amis lui élevèrent un monument. TOUCHELAY faillit mourir à Stora de la même maladie.

ARDANGE est mort à Marseille en rentrant en France après l'amnistie. Le docteur DESMOULINS est mort, il y a deux ans, à Tours, des suites d'une maladie contractée en Algérie. BOITELLE, de retour en France, s'est suicidé.

Quant à leurs familles laissées en France sans ressources, elles n'ont pas eu moins à souffrir.

La femme d'Ardange, pendant l'absence de son mari, après avoir perdu son enfant, est morte elle-même de misère et de chagrin.

Mme Mauberger, qui allaitait un enfant de six mois, rejoignit son mari interné à la Calle. Mais à peine arrivé, son enfant mourait à la suite des fatigues du voyage.

---

1. Voir au département de la Nièvre.

Mme Marié fut obligée de vivre avec son travail. Elle gagnait *cinquante centimes* par jour à faire de la passementerie.

Le docteur Desmoulins laissait à Tours une femme sans ressources et sa mère malade.

Mme Fariau, condamnée pour injures au souverain de la France, fut jetée en prison ; le fonds de commerce, que son mari exploitait, n'ayant plus de propriétaire, la ruine s'en suivit, à ce point qu'à sa rentrée en France, Fariau qui, lors de son départ, jouissait d'une aisance relative, fut obligé pour vivre de se faire manœuvre.

Ils purent rentrer en France après l'amnistie. Mais dans quelles conditions! Boitelle, pour ne parler que de lui, qui était âgé de 60 ans, fut obligé de faire une partie de la route à pied. Toute sa fortune consistait en une somme de trente francs que lui avait prêtée un de ses amis interné à Bône. Cette somme lui permit de se faire transporter en chemin de fer de Cette à Lyon. On lui avait dit qu'à Lyon il recevrait une indemnité de route ; il n'en fut rien. A Saint-Germain-des-Fossés, il fut contraint de s'arrêter à l'hôpital. Arrivé à Tours, il reçut pour indemnité de voyage 4 fr. 50 cent.

Un mot maintenant sur chacun des transportés d'Indre-et-Loire.

Louis Desmoulins, qui était médecin et exerçait fort

honorablement sa profession, avait fait partie, sous l'établissement de Juillet, de la *Société des droits de l'homme*. Patriote dévoué, il avait lutté toute sa vie contre le despotisme et énergiquement revendiqué les droits du peuple. En 1848, le gouvernement provisoire le mit à la tête de l'administration du département.

En décembre 1851, il avait été arrêté et conduit au pénitencier de Tours, où il resta dix jours. A sa sortie de prison, un arrêt de la commission mixte le mit sous la surveillance de la haute police.

Le 21 octobre 1852, trois jours avant le passage du prince président à Tours, Desmoulins reçut de la préfecture l'ordre de partir pour Nantes, où il devait être rendu avant le 12. Il fut ainsi interné à Nantes, sans savoir pourquoi, pendant trois mois et demi.

Pendant ce temps, sa femme, Mme Desmoulins, la plus inoffensive et la plus innocente des femmes, était également arrêtée et jetée en prison pendant toute la durée du séjour de M. Louis Bonaparte à Tours [1].

Au mois d'octobre 1853, Desmoulins fut encore compris dans le procès dit de *la Marianne*, mais la chambre des mises en accusation le mit hors de cause.

---

1. On nous rapporte un propos assez piquant qui aurait été tenu à cette époque par le Prince-Président au bal que lui offrait la ville de Tours. Comme une dame le poursuivait de ses cris de *vive l'Empereur !* M. Louis Bonaparte s'approcha d'elle et lui dit : « Vous voulez un empereur, madame? eh bien, vous en aurez un ! »

En 1858, il fut envoyé en Afrique, et interné à Aumale où il passa dix-sept mois.

Sa santé, déjà compromise par l'épidémie cholérique de 1849, qu'il avait combattue à Tours avec un dévouement sans réserves, fut gravemnet altérée par le climat d'Afrique. Quand il revint en France il était presque aveugle quoique n'ayant que 49 ans ; une maladie qu'il avait contractée par sa transportation lui avait tordu la colonne vertébrale, au point qu'il avait perdu 14 centimètres de sa taille.

Enfin, ce grand citoyen, universellement aimé, le plus inoffensif des hommes et le plus bienfaisant des médecins, qui, toute sa vie, sacrifia sa fortune, sa liberté à la cause républicaine, fut obligé, pendant les dernières années de sa vie, de recevoir les générosités de ses amis politiques. O persécution, de quel nom faut-il te flétrir?

BOITELLE était un vieux démocrate très-populaire parmi les ouvriers de Tours qui l'avaient surnommé *Lafayette*. Aussi courageux qu'honnête, il écrivait d'Afrique à son fils : « Courage, mon cher fils, tâchons de faire tête à l'adversité, surtout tâchons d'avoir toujours la conscience à l'abri du remords. Je n'ai rien fait, mon cher fils, qui puisse mériter mon expulsion. Je ne ferai rien non plus pour fléchir le sort qui nous accable... »

De retour en France, Boitelle, trop vieux pour pouvoir travailler et ne voulant pas être à charge aux siens, profita d'un instant où il était seul pour se suicider, après avoir écrit une lettre de laquelle nous extrayons le passage suivant : « Mon cher fils..., je ne pouvais plus supporter la vie, j'y mets un terme, je ne peux plus travailler. Je suis loin de me plaindre de toi ; tu as fait ton devoir. Adieu, mon fils, ne maudis pas ton père. Je n'ai jamais eu un moment de haine pour personne. Adieu ! adieu ! » Quelques heures avant de mourir, transporté à demi-asphyxié à l'hôpital, il voulut finir en libre penseur malgré les efforts du clergé qui voulait le contraindre à devenir la proie de l'Église.

Mauberger était, comme nous l'avons dit, un homme de peine qui, toute sa vie, avait tenu à honneur de se dire Républicain. Il est resté en Afrique où sa famille l'avait suivi.

Marié, qui était tailleur à Tours, jouissait d'une aisance relative. Sa transportation causa sa ruine complète et celle de sa famille. Sa femme, qui avait à cette époque cinquante ans, en fut réduite pour vivre à se faire domestique.

Ardange était charron à Rochecorbon. Il laissait, en partant, une femme et un enfant. Celui-ci mourut quelque temps après, et la mère malade, incapable de travailler, se laissa mourir de faim et de chagrin.

Touchelay, qui était aubergiste et mécanicien à Cormery, eut beaucoup à souffrir. Il est rentré en France depuis l'amnistie.

Fariau, bien avant 1858, avait subi tous les châtiments

politiques. Il connut successivement les pénitenciers de Fontevrault, Saumur, Belle-Isle, d'où il fut transporté en Afrique. Il était rentré en France depuis quelque temps, lorsque les bombes d'Orsini donnèrent de nouveau le signal de son départ.

Il nous reste à parler de l'arrestation arbitraire du réfugié italien RICCIARDI qui habitait Tours en 1858, qui est rentré en Italie depuis et est devenu député au parlement italien pour le pays napolitain.

De même que Bonaparte, lors de la rupture de la paix d'Amiens, avait fait arrêter, sans autre forme de procès, tous les Anglais voyageant en France, de même, lors de l'attentat Orsini, un grand nombre d'Italiens qui n'avaient en aucune façon trempé dans le complot, furent jetés dans les cachots.

De ce nombre fut Ricciardi.

RICCIARDI, fils d'un ministre du roi Joseph Bonaparte et du roi Joachim Murat, fut arraché à sa famille et écroué au pénitencier de Tours. Il ne fut cependant pas expulsé.

Nous lisons, dans ses mémoires, les passages suivants :

« Londres, mars 1833. J'ai dîné chez Joseph Bonaparte, ex-roi de Naples et d'Espagne. J'ai trouvé en lui un homme qui tenait mon père en grande estime. Parmi les convives, se trouvaient : Achille Murat, le JEUNE BONAPARTE, second fils de l'ex-roi de Hollande, la fille de Joseph, veuve du fils aîné de Louis, c'est-à-dire de ce Napoléon Bonaparte qui mourut à Forli en 1831. »

A la fin du repas, Ricciardi qui n'avait alors que vingt-cinq ans, interrogé sur la possibilité de restaurer l'empire et la dynastie napoléonienne, répondit : « Qu'il ne croyait pas qu'une nouvelle révolution pût avoir d'autre but que de remplacer la monarchie par la République. »

« Londres, 7 avril 1833. Je suis allé ce matin avec Achille Murat, rendre au jeune Bonaparte la visite qu'il m'a faite. Après avoir parlé longuement de l'état des choses en France, et plus encore de la situation de l'Italie, pour laquelle il avait participé à la prise d'armes de 1831 contre le pape Grégoire XVI, le fils de l'ex-roi de Hollande m'a donné une brochure qu'il vient de faire imprimer. Il y passe en revue les réformes qui seraient apportées en France par les Napoléon, s'il leur était donné de remonter sur le trône. L'opuscule se termine par ces mots : « La garde impériale est rétablie. »

En 1858, nous écrit un de ses amis, Ricciardi recevait de Napoléon *Risalito sul trono di Francia* l'hospitalité de la prison cellulaire de Tours. C'était un compatriote d'Orsini et un Républicain.

LOIRE.

Le préfet de ce département, en 1858, était M. Thuillier qui depuis fut président de section au conseil d'État.

Il y eut quatre victimes; nous n'avons les noms que de deux :

BLANSUBÉ, docteur-médecin à Saint-Étienne;
FLACHON, négociant,   id.

Le citoyen BLANSUBÉ était universellement estimé à Saint-Étienne; il y avait tenu haut et ferme le drapeau de la démocratie. Il avait été frappé déjà au coup d'État.

Le citoyen FLACHON qui, en 1852, fut envoyé en internement à Rochefort, est un grand négociant de Saint-Étienne, à qui les persécutions ont fait perdre des sommes considérables. Homme de cœur et de conviction, il a toujours, de même que Blansubé, lutté pour la vieille cause.

En 1857, de nombreux procès avaient été intentés par les marchands de charbon de Saint-Étienne à la Compagnie de Paris à Lyon et à la Méditerranée, au sujet des tarifs de transport. Le préfet Thuillier, dans le but de faire terminer ces différends à l'amiable, avait convoqué tous les marchands de charbon chez lui, et après leur avoir exposé que la Compagnie du chemin de fer se mettait en mesure de faire disparaître les causes de leurs plaintes, leur demanda de vouloir bien arrêter les poursuites judiciaires commencées. Déjà un directeur d'une compagnie de mines appuyait le préfet et allait faire partager son avis pour tout le monde, lorsque Flachon se leva, soutint la thèse contraire, et la fit prévaloir par 57 voix contre 7.

Il ne pensait plus à cette affaire, lorsque le 24 février 1858 il fut arrêté par la police et conduit à la préfecture dans le cabinet du préfet, où il rencontra le docteur Blansubé qui venait d'être arrêté dans les mêmes circonstances. Tous deux, ignorant le motif de leur arrestation, en demandaient la raison au préfet. Alors celui-ci se tournant du côté de Flachon, lui dit en ricanant : « Ah! ah! vous n'êtes plus aussi insolent aujourd'hui que vous l'étiez ici même, il y a un an, dans mon cabinet. — C'est bien, répond Flachon, je comprends maintenant pourquoi vous me faites arrêter; je n'ai pas besoin d'autres explications; faites-moi conduire en prison!... »

Mais le préfet continuant toujours sur le même ton railleur : « Vous voudriez, monsieur Flachon, que je vous fisse conduire en prison en plein jour, afin que tout le monde dise : Voilà M. Flachon qu'on conduit en prison; c'est le préfet qui l'a fait arrêter. Vous voudriez faire du scandale, eh bien! vous n'aurez pas cette satisfaction, vous ne ferez pas de scandale, vous resterez ici dans mon cabinet jusqu'à la nuit, et c'est à la nuit seulement qu'on vous emmènera en prison. »

De fait les citoyens Flachon et Blansubé restèrent dans l'antichambre (dans l'antichambre d'un préfet ! quelle ironie du sort !...) du préfet, jusqu'au soir. Le soir venu, un geôlier vint les chercher et reçut du préfet l'ordre de veiller de près sur les prisonniers, « sur Blansubé surtout, ajouta-t-il ; qu'il soit tenu au secret le plus absolu ; vous en répondez sur votre emploi ! »

Quelques jours après, ils partirent en compagnie de deux autres de leurs compatriotes en voiture cellulaire pour Marseille. De là ils furent conduits en Afrique et internés à Mostaganem.

Le citoyen BLANSUBÉ exerce aujourd'hui encore sa profession dans le lieu de son internement où il vit entouré de l'estime générale et toujours fidèle au culte de sa vie. Lors de la dernière épidémie cholérique qui est venue désoler l'Algérie, la population reconnaissante de son dévouement et de son zèle, avait voulu lui décerner publiquement une médaille d'or, mais le gouvernement, paraît-il, s'y opposa.

Quant au citoyen FLACHON, il habite Saint-Étienne, où il est à la tête d'une maison de commerce considérable. Il continue à combattre vaillamment pour la liberté, et par son énergie, par son dévouement, il occupe un rang influent au sein de la démocratie stéphanoise.

LOIR-ET-CHER.

Parmi les victimes de ce département, on compte :

Frout, jardinier à Blois,

qui fut transporté en Afrique et interné à Tlemcen.

HAUTE-LOIRE.

En 1851, le département de la Haute-Loire avait aussi payé son tribut à Cayenne, à l'Algérie, à l'exil. Mais quand éclatèrent les bombes d'Orsini, on n'y songeait plus guère à la République. Seuls, cachés au fond de leurs montagnes, quelques nobles cœurs regrettaient en silence le passé. Ce sont ceux-là qui furent frappés.

Le préfet de la Haute-Loire était M. Émile Paul.

I

L'arrondissement du Puy compte trois victimes :

A. Jouve, marchand de bois à Craponne.

Jacques Solvain, menuisier au Puy.
Chaurant, propriétaire à Tallobre.

Au commencement du mois de février 1858, Jouve, qui avait déjà été transporté en 1851, reçut de M. le maire de Craponne l'avis que M. Émile Paul, préfet du département, désirait l'entretenir. Il se rendit à cet appel, fut cordialement reçu par M. le préfet, qui néanmoins lui reprocha : 1° de voir chaque fois qu'il venait au Puy, le citoyen Breymand, ancien représentant du peuple; 2° d'avoir contribué à empêcher un banquet qui devait être offert à M. de Romeuf, député officiel de l'arrondissement; 3° enfin d'avoir obtenu d'un certain nombre d'électeurs de Saint-Just leur procuration, afin de poursuivre devant la Cour de cassation l'affaire dite des bulletins électoraux. Jouve se contenta de répondre, qu'en agissant ainsi, il n'avait fait qu'user de son droit et que, quoi qu'on fasse, il continuerait à l'exercer. Le préfet se borna à quelques observations, l'entretien cessa, et en se quittant, M. le préfet tendit même la main au citoyen Jouve.

Huit jours après le 25 février, la gendarmerie vint arrêter Jouve dans son lit, et il fut emmené à pied entre deux gendarmes, par un temps de neige épouvantable, de Craponne au Puy, distant de 40 kilomètres. Il fut enfermé à la prison du Puy. Là, il reçut la visite du préfet qui lui promettait sa liberté à la condition *qu'il consenti-*

rail à faire ce que lui, préfet, lui demanderait. Jouve se contenta de rompre un entretien de cette nature.

Solvain et Chaurand furent arrêtés dans les mêmes conditions. Le premier avait été, en 1852, placé sous la surveillance de la haute police.

II

L'arrondissement d'Yssengeaux eut pour représentant :

Cusinel, chapelier à Saint-Didier la Seauve,

qui, au coup d'État, avait été transporté à Cayenne.

III

L'arrondissement de Brioude, qui avait pour sous-préfet M. Aymé de Champvant, eut aussi ses élus :

Triouller, maître d'hôtel à Brioude.
Dufaut, cultivateur à Tapon.

Les citoyens Triouller et Dufaut, arrêtés dans leur domicile, furent d'abord écroués à la maison d'arrêt de Brioude, puis transférés à celle du Puy où ils trouvèrent leur quatre autres coreligionnaires.

Le 22 mars suivant, tous six ensemble furent placés en

voiture cellulaire, et partirent pour Marseille. A Mende et à Alais, ils prirent d'autres transportés, et après soixante heures de voyage, de souffrances, de soif, de faim, de douleurs sans nom, ils arrivèrent à Marseille tous malades, les jambes et les pieds enflés à ce point qu'ils ne purent sortir leurs chaussures, quelques-uns même avaient les leurs éclatées. Ils furent enfermés dans une prison de Marseille où il y avait un tel entassement de prisonniers, qu'ils durent coucher sur des paillasses dans les couloirs de l'établissement.

Ils partirent de là le 2 avril, furent embarqués sur un navire qui les conduisit à Philippeville; puis ils furent menés à Djidjelly, lieu de leur internement.

L'un d'eux, le citoyen JOUVE, y resta jusqu'au 24 septembre suivant, époque à laquelle il put aller à Alger. Au mois de mai 1859, il reçut l'ordre de se rendre à Marseille où il était interné. Au mois d'août, il demanda à aller pendant quelques jours à Craponne pour y régler des affaires d'intérêt d'une importance considérable. Le 16 du mois, appelé chez le commissaire de police, il lui fut déclaré que l'autorisation demandée lui était refusée, parce qu'il refusait lui-même de faire sa *soumission*.

Le jour même, il apprit la nouvelle de l'amnistie. Mais il demanda en vain son passe-port pendant quinze jours; enfin lassé d'attendre, il partit.

Tous les citoyens de la Haute-Loire sont aujourd'hui rentrés dans leur pays.

NIÈVRE.

Ce département qui avait fait une si courageuse résistance au coup d'État et qui, à cette époque, fut si rigoureusement frappé, eut le privilége en 1858 de fournir à la transportation un grand nombre de victimes.

Nous n'avons pu avoir que les noms des citoyens qui suivent :

    Lélu, de Nevers.
    Moreau, avocat à Clamecy.
    Laudet,
    Bougon, —
    Quenouille, négociant, à Clamecy.
    Buret, ébéniste, à Varzy.
    Davignon, marchand de nouveautés, à Corvol.
    Vieillard.
    Calvillot, à la Charité-sur-Loire.
    Baudelin, menuisier, —
    Uzoby, teinturier, à Corbigny.

Le citoyen Lélu, qui était menuisier à Nevers, avait environ cinquante ans lors de sa transportation. Il fut interné à Souk-harras où se trouvaient la plupart des condamnés du Rhône. Dévoré par le chagrin, la misère et l'ennui, Lélu était devenu sombre et taciturne, recherchait la solitude et semblait s'y complaire. Il se promenait souvent seul aux alentours du village. Dans la première quinzaine de juin 1858, Lélu, qui habitait avec quatre autres de ses co-transportés une masure à l'extrémité du village, disparut et on ne le revit jamais plus. Tout d'abord, ses camarades pensaient que s'ennuyant avec eux, il était allé se réunir à d'autres, et n'y prirent pas garde. Le lendemain matin, l'éveil fut donné et toute la colonie fut en émoi. On savait qu'il avait reçu la veille de sa disparition quelques petites sommes d'argent, et qu'il n'avait pris nul souci de le cacher aux habitants du village. C'est une imprudence grave, disait à ce propos le commandant de place, « de montrer son argent dans un village où des assassinats ont été commis pour moins de cinq francs[1]. »

Pendant les premiers jours, toutes les recherches furent vaines. Ce n'est que le dixième, qu'un habitant de Souk-harras, allant le matin du village à un moulin situé au bord de l'Oued-Mejerdah, trouva sur son chemin, à moins de deux kilomètres de Souk-harras une tête séparée du tronc. L'autorité judiciaire se transporta sur les lieux pour faire la levée de cette tête.

---

1. Et c'est là qu'on avait conduit de vive force d'honnêtes gens qui ne demandaient qu'à rester au milieu de leur famille !

Le citoyen Durand, médecin, qui était parmi les transportés et à qui nous devons ces détails, fut appelé pour se joindre au médecin militaire, et ils procédèrent ensemble à un rapport médico-légal, dans lequel, après avoir constaté l'identité de Lélu, ils reconnurent que celui-ci avait eu une aile du nez et les paupières enlevées, le maxillaire inférieur fracturé. Ils établirent ensuite que Lélu avait été assommé d'un coup de marteau ou de tête de hache, qui lui avait enfoncé le crâne, qu'enfin la détroncation avait été faite d'arrière en avant, contrairement aux habitudes des Arabes. Trois semaines après, des intestins d'homme et les chaussures de Lélu furent trouvés parmi les buissons, sur le bord du chemin, où sa tête avait été déjà trouvée. Ce qu'on ne retrouva pas, c'est le coupable !

Tous les transportés se réunirent pour assister aux funérailles de leur malheureux ami dont ils conduisirent les restes au cimetière, précédés d'un prêtre que l'autorité leur avait imposé, malgré leurs protestations.

Puis, ils s'occupèrent des moyens d'ériger un monument à la mémoire du républicain martyr. Ils n'étaient pas riches, ils prirent sur leur nécessaire. Ils en vinrent à bout, et alors ils inscrivirent sur la pierre horizontale qui recouvre les restes de Lélu :

Les trànsportés de 1858
à leur ami et coreligionnaire politique
le *démocrate*[1] Lélu, de la Nièvre,
transporté en 1852 et en 1858, mort assassiné
dans la première quinzaine de juin 1858
à Souk-harras.

Modèle de constance et de sincérité,
Gloire et honneur à ta mémoire!

Serait-il mort assassiné, cet honnête homme, si on l'avait laissé à Nevers?

Nous ne disons rien des arrestations et transportations des autres victimes de la Nièvre; elles se ressemblent toutes : arrêtés dans leur domicile, ils sont conduits en voiture cellulaire à Marseille et de là embarqués pour l'Algérie, au nom du salut social!

PUY-DE-DOME.

Ce département, dont le préfet était M. de Pressac, a compté en 1858 au moins une victime :

Peghoux, papetier à Issoire.

Après le coup d'Etat, le citoyen Peghoux s'était retiré en Angleterre. Il était rentré en France depuis à peine

---

[1]. L'autorité les empêcha de mettre le *républicain!*

trois mois, lorsque le 28 janvier 1858 la police fit une descente chez lui. On saisit dans sa poche une lettre insignifiante qu'il venait de recevoir de Londres; puis il fut appelé chez le juge d'instruction qui, après l'avoir à peine entrevu, ordonna à un gendarme de le conduire en prison. Il y resta jusqu'au 23 février, époque à laquelle il fut relâché.

Il y avait lieu de croire que les persécutions à son égard en resteraient là, lorsque, trois mois plus tard, le 4 juin, le commissaire de police et des gendarmes envahirent de nouveau son domicile. Il était absent en ce moment; on lui apprit à son retour ce qui venait de se passer. Fallait-il, comme il nous le dit lui-même, se sauver, reprendre le chemin de l'Angleterre? Il n'avait rien fait, rien écrit, rien dit qui pût le faire tomber sous le coup de la loi, et fort de son droit, il s'en alla naïvement demander au commissaire de police ce dont il s'agissait. Celui-ci, qui était encore avec les gendarmes et qui était porteur d'un mandat d'amener, le mit purement et simplement en état d'arrestation, et les portes de la prison d'Yssoire s'ouvrirent de nouveau pour le recevoir.

Il fut mis au secret le plus absolu et ne put voir ni son père ni sa pauvre mère qui se désolait. Il resta là jusqu'au 10 juillet. Ce jour-là deux gendarmes flanqués d'un gardien de la maison centrale de Riom vinrent le prendre, le firent monter en voiture cellulaire et il dut partir sans pouvoir même dire adieu à ses parents. Le voyage d'Issoire à Marseille dura trois jours. De Marseille il fut embarqué pour l'Afrique et interné à Oran.

Peghoux est revenu en France depuis l'amnistie. Il est papetier-relieur à Issoire (Puy-de-Dôme).

RHONE.

Le patriotique département du Rhône ne pouvait évidemment pas échapper à la persécution. Il avait déjà été rudement éprouvé au coup d'État; c'était là un titre à de nouvelles sévérités qui ne lui ont pas été épargnées.

Comme cela avait lieu au même instant dans beaucoup d'autres villes, le jour anniversaire de la révolution de février, dans la nuit du 23 au 24 février 1858, vingt-deux citoyens, contre lesquels on eût été fort embarrassé de formuler le moindre délit, furent arrêtés dans leurs domiciles et séquestrés dans la prison dite *dépôt de police* située rue Luizerne, où l'on a coutume d'enfermer les malfaiteurs pris chaque nuit en flagrant délit; d'où ils furent transportés le lendemain à la prison St-Joseph. — Ce nombre s'accrut les jours suivants de cinq autres citoyens arrêtés dans les divers points du département.

M. le sénateur Vaïsse était alors chargé de l'administration du département. Le maréchal de Castellane commandait le 4e corps d'armée.

Voici les noms de vingt-quatre des citoyens ainsi arrêtés :

    André, perruquier.

    Blain, balancier.

    Beliscer.

    Champagnon, meunier et propriétaire à Chazay.

    Chanu, tisseur.

    Cornu, tisseur, maire de la Guillotière en 1848.

    Drivon, chef d'atelier.

    Ducarre, manufacturier, ancien secrétaire du conseil municipal sous la république.

    Durand, médecin.

    Meyzière.

    Favier, tisseur.

    Machisot.

    Moine.

    Neyrin.

    Olive.

    Pallu, tisseur.

    Pascot, tisseur.

    Pilliard, commissionnaire en soieries.

    Raffin, pharmacien.

    Richerand.

    Saunier, ancien membre du conseil municipal sous la république.

    Imoff.

Verrière, horloger.
Vincent (Guillaume), négociant.

Il y avait en outre un citoyen de Venissieux et deux autres dont nous n'avons pu retrouver les noms.

Nous croyons intéressant de reproduire ici la lettre que nous avons reçue du citoyen Ducarre.

Mon cher ami,

« J'ai un engagement à remplir envers vous : à me rappeler l'épisode de 1858. — C'était le 24 février, 41 jours après l'attentat du 14 janvier. J'ignore qui a eu l'heureuse idée à Lyon de célébrer cet anniversaire par un empoignement sur toute la ligne ! si c'est une attention délicate du grand homme que Lyon pleure encore, pourquoi laisser plus longtemps sa statue en souffrance sous un hangar ?... Les conservateurs sont ingrats !

« Donc le soir du 23 février, tout ce que Lyon comptait d'agents, de mouchards, de sergents de ville et de gendarmes partirent par escouades et par bandes à la chasse aux bandits. On aurait pu ce jour-là inaugurer sans périls une profession pratiquée depuis avec succès : l'assassinat anonyme[1]. *Ce jour-là, la force publique* aurait pu donner des raisons : elle avait autre chose à faire.

---

1. Depuis quelques années, à Lyon, il y a eu un certain nombre d'assassinats dont jamais les auteurs n'ont été découverts ; c'est à ce fait que le citoyen Ducarre fait allusion.

« Je possède à dix kilomètres de Lyon une usine qui déjà avait été visitée en 1851.

« A cette époque je venais de donner ma démission de membre et secrétaire du conseil municipal de Lyon. M'empoigner pour ce fait, eût paru trop excentrique dans le milieu commercial où je vivais. Les *magistrats* de la commission mixte préférèrent envoyer saccager mon usine par une force respectable qui, dans sa perquisition, enleva des armes de chasse, et prit ce qui lui convenait, entre autres, *une arquebuse à rouet*, comprit dans la razzia mon jeune frère âgé de vingt ans qui habitait l'usine, le mit pourrir deux mois dans les casemates de la Vitriolerie, l'envoya ensuite perclus de douleurs à Avignon pour le rendre enfin aux réclamations de mon père, qui n'a jamais pu savoir de quels forfaits son jeune fils s'était noirci.

« Le 24 février 1858, nouvelle visite à l'usine. Malheureusement, ce soir-là, j'étais à Lyon. On franchit les murs, on brise les clôtures, on entre partout excepté par la porte, on menace de tuer les chiens qui se permettent d'aboyer, et après avoir arrêté les vingt-cinq personnes habitant la nuit notre maison, on demande : M. Ducarre. Ma femme demande pourquoi ? Une sorte d'argousin lui répond : Qu'est-ce que cela vous f...?

« Le brigadier de gendarmerie, honteux de la situation, essaye de dire que M. le préfet ayant à causer avec M. Ducarre, l'envoie chercher.... par une vingtaine d'hommes. Ma femme soupçonne une nouvelle édition de 1851, répond que M. Ducarre arrêté en 1851 n'est jamais revenu ni à l'usine, ni à Lyon depuis cette époque. Il nous faut un Ducarre, et nous le trouverons, dit l'agent....

« Je passe une heure de recherches, d'avanies, d'injures de la part de l'agent et d'efforts pour les atténuer de la part des gendarmes embarrassés du triste métier qu'on leur faisait faire. Enfin, on se décide à revenir m'arrêter à Lyon. Arrivé à onze heures à mon appartement de la ville, le brigadier, qui avait eu le bon goût de laisser l'argousin en route, me renouvelle l'invitation de venir causer avec le préfet futur grand homme. Je le prie de me montrer l'invitation écrite. Il m'exhibe un papier portant imprimé : « *Cabinet du préfet* », et à la main : une douzaine de noms, sans prénoms, adresses ou indications. Le mien y était, je remerciai le brigadier et le priai de remplir son mandat.

« Ici, nouvelles difficultés : arrivé successivement à la porte de deux prisons, le concierge refuse de me recevoir, mon conducteur n'ayant pas de mandat d'arrêt, ce que l'invitation du préfet ne portait pas, et ce qui n'était pas venu à l'idée du gendarme (l'argousin n'était plus là), c'est que, pour une arrestation illégale, dont on ne peut de notre temps demander compte à personne, il y a toujours place pour d'honnêtes gens dans le bouge où l'on jette les bandits, les malfaiteurs du flagrant délit.

« Cette nuit-là, beaucoup d'invités du préfet y parta-

gèrent la paille et la vermine du lit de camp. Je trouva
là des hommes aujourd'hui morts (entre autre, le fils
Drivon : on voulait le père, le père était mort depuis deux
ans, on avait empoigné le fils à sa place (il est mort à
son tour) ; d'autres vivent encore et vous diront leur histoire. Le lendemain les invités du préfet se séparaient,
quelques-uns pour aller à Cayenne, à Lambessa ou en
internement.

« Voilà comment le sénateur préfet Vaïsse, seizième
d'agent de change a célébré à Lyon, le 24 février 1858.

« Tout à vous : N. Ducarre. »

Le fait dont parle le citoyen Ducarre, et concernant le
citoyen Drivon fils, se produisit en un grand nombre
d'autres départements, et eut même à Lyon une seconde
édition.

La police avait ordre d'arrêter le citoyen Millet, bien
connu autrefois pour son dévouement à la cause démocratique et républicaine, et qui, avant sa mort, habitait
une maison sur le plateau de la Croix rousse. Une brigade fut commandée pour arrêter le vieux républicain,
garda avec soin toutes les issues de la maison, s'en fit
ouvrir les portes au nom de la loi, et réclama impérativement le citoyen Millet, mort depuis dix-huit mois !...
La réponse à cette injonction ahurit quelque peu les visiteurs nocturnes, comme nous dit le citoyen Durand
en nous rapportant le fait, toutefois l'instinct de leur

profession les rappela bien vite à leur devoir, et leur zèle surexcité par la honte d'une ridicule tentative, s'en augmenta d'autant. Ils insistèrent pour qu'on leur livrât Millet, et, comme on ne les satisfaisait pas, ils se mirent à fouiller, de la cave au grenier, la maison du républicain défunt, et malgré leurs efforts furent contraints de revenir bredouilles.

Le seize mars suivant, quelques-uns des citoyens arrêtés furent amenés devant un commissaire de police, ceint de son écharpe; ils apprirent de ce fonctionnaire au nom du ministre de l'intérieur, qu'ils étaient condamnés à la transportation en Afrique.

Quinze d'entre eux étaient ainsi condamnés sans autre forme de procès. Ce sont les citoyens Durand, Raffin, Pascot, Chanu, Favier, Pallu, André, Champagnon, Cornu, Saunier, Vincent, Richerand, Ismoff, Meyzière, et Blain. Tous ils avaient déjà subi les rigueurs du pouvoir, lors du coup d'État.

Dans la nuit du 16 au 17 mars, ces malheureux, sans pouvoir embrasser leurs familles, sans avoir pu se procurer des vêtements, du linge et de l'argent (ils n'avaient pas cent francs entre tous), furent emmenés à la gare du chemin de fer de Marseille, placés un à un dans les compartiments d'une voiture cellulaire où tout mouvement devenait impossible. Ils arrivèrent à Marseille brisés à ce point que l'opération du *décellulement* ne put s'effectuer qu'avec le concours des gendarmes qui entouraient la voiture. Ils étaient tous engourdis et à demi paralysés.

De Marseille, ils furent embarqués pour Philippeville. On leur avait adjoint deux transportés du Vaucluse Barrère et Barillon. Arrivés à Philippeville, la gendarmerie, les conduisit dans la cour d'une caserne où ils furent enfermés. Vers neuf heures, les républicains, mourant de faim, s'adressèrent aux zouaves consignés dans les chambrées et qui les regardaient avec étonnement par les croisées. Ces courageux soldats, bravant la consigne pour secourir leurs infortunés concitoyens, apportèrent au milieu de la cour deux gamelles de soupe et deux pains prélevés sur leurs rations. Bientôt tous les zouaves firent irruption dans la cour, apportant et offrant aux transportés toute la nourriture dont ils disposaient. Alors ce ne fut plus qu'embrassements, poignées de mains ; on but à la mère patrie, et de copieuses libations aidant, les zouaves parlèrent d'enfreindre tout à fait la consigne et d'aller en ville fêter l'arrivée des transportés. Ceux-ci s'y opposaient pour ne pas compromettre ces braves soldats, mais les zouaves insistèrent, crièrent : Allons enfants, allons y gaiement! et la porte de la caserne céda sous leurs efforts. On se répandit ainsi dans la ville jusqu'au soir, mais le soir venu, où coucher? Quelques-uns en furent réduits, à aller dormir sous des tentes dressées en dehors de la ville pour servir d'abri aux vagabonds !

Après les avoir laissés dans l'incertitude pendant plusieurs jours, on les enleva de Philippeville pour les transporter à Bone où ils arrivèrent le 24 mars.

Là, la gendarmerie les conduisit dans la cour de l'hôtel de ville, où le général Périgo, commandant de la subdivision les fit former en cercle autour de lui, et les harangua, leur annonçant, qu'ils seraient conduits à Souk-harras, où, leur dit-il, il y a de « très-bonne eau. »

Le lendemain, en effet, ils partirent à pied pour Souk-Harras, où ils arrivèrent cinq jours après, ayant fait au milieu d'un véritable désert près de 140 kilomètres ; ce fut le 27 mars, vers six heures du soir, qu'ils firent leur entrée à Souk-Harras, l'ancienne Thagaste, la patrie de saint Augustin. Ils y arrivèrent harassés, brisés, accablés par les fatigues et la maladie. Ils furent confiés à la garde d'un brigadier qui procéda, dans la chambrée, à l'appel nominal. Le lendemain ils reçurent la visite du commandant de place, et il fut de nouveau procédé à l'appel nominal. Le citoyen Durand nous raconte, dans la relation qu'il nous a adressée, qu'ils furent reçus par les autorités militaires avec une bienveillance qui contrastait singulièrement avec la façon dont ils avaient été traités en France par les autorités civiles, et à ce propos, on nous signale d'autre part un fait qui vient corroborer l'observation du citoyen Durand. A leur arrivée à Souk-Harras on ne savait où les loger, aucune disposition, n'avait été prise, lorsqu'un capitaine de spahis, aussi généreux que brave, M. Constant, neveu de Benjamin Constant, interpella le commandant de place et lui dit : Vous êtes embarrassé de loger ces hommes? Si j'étais commandant de place, ce serait bientôt fait ! et il s'en alla louer, à ses frais, deux chambres dans une maison inoccupée. Ce fut lui encore qui, plus tard, organisa dans la garnison une souscription au profit des transportés, qui étaient dans la misère la plus complète. Il est mort depuis : honneur à sa mémoire !

Le citoyen SAUNIER avait fait partie de ce convoi dont ceux qui le composaient transportés d'Alger à Tenez sur *le Titan* furent enchaînés à une tringle sur l'avant du vaisseau. A ce sujet, le citoyen Ducamp de Nîmes, complétant les renseignements que nous avons donnés à cet égard dans notre récit concernant le département de la Meurthe, nous affirme que cet ordre barbare n'avait pas été donné par le commandant du *Titan*, ... mais qu'il fut trouvé sur la feuille du bord, signé du contre-amiral ..., ancien gouverneur de Cayenne. Les officiers du *Titan* en étaient eux-mêmes indignés et supplièrent les transportés de ne pas résister (quelques-uns parlaient de se jeter à la mer), afin de ne pas les obliger à mettre de vive force à exécution un ordre par lequel ils étaient eux-mêmes contraints à regret de passer. A chacun la responsabilité de ses actes!

On leur annonça ensuite qu'ils seraient traités comme des soldats, exempts de services, soumis seulement à l'appel. Puis on leur apporta des rations de viande et de biscuit.

Cinq ou six jours s'écoulèrent avant qu'ils pussent reprendre l'usage de leurs jambes.

Ils recevaient bien chaque jour une ration de vivres, mais ils n'en étaient pas moins privés de logement, de fournitures de literie, de chaussures, de vêtements, etc., ce qui les mettait dans un état de gêne, facile à comprendre.

On voit, comme le fait observer le citoyen à qui nous devons ces détails, qu'en certaines choses au moins, le gouvernement ne prodigue pas les finances de l'État.

On peut se figurer aisément les souffrances que durent endurer, loin de leur pays, de leurs familles, de leurs amis, privés des choses les plus nécessaires, ces malheureux républicains jetés pêle-mêle dans un village fondé depuis à peine deux mois, au milieu d'un désert, et éloigné de toute communication.

L'un d'eux, André, mourut bientôt faute de soins. Imoff, à la suite des grandes fatigues qu'il avait endurées, perdit la raison. Un autre, dont nous n'avons pas le nom, parvint à s'évader. Les autres furent peu à peu dispersés dans les différentes provinces.

Ils sont tous rentrés en France. Depuis leur rentrée six sont morts; trois à Lyon : Saunier, Cornu et Favier, trois en Afrique où ils étaient retournés : Richeraud, Meyzière et Pallu. Sur les quinze transportés du

Rhône, il en reste donc huit, dont un atteint d'aliénation mentale, les sept autres habitent encore Lyon : Durand y exerce sa profession de médecin, Vincent y est à la tête d'une maison de commerce, etc., etc.

Voilà comment ils expièrent, eux aussi, le crime d'avoir aimé la liberté, la patrie et la république.

HAUTE-VIENNE.

Le préfet de ce département, en 1858, était M. Coëtlogon.

Les citoyens arrêtés sont :

Dérignac, restaurateur à Limoges.
Briquet, marchand de porcelaines.
Négrout, cordonnier.
Villegoureix jeune, négociant.
Tuilier, ex-prêtre, entrepreneur.
Burguet, docteur médecin à Saint-Grieix.
Frichon, jeune, de Bellac, ancien avoué.

Ces sept citoyens furent écroués, les six premiers dans la prison cellulaire de Limoges, et Frichon dans celle de Bellac, où ils restèrent pendant un mois au secret. Au bout de ce temps Frichon fut relaxé. Il avait déjà été arrêté en 1852. Il est le frère de l'ancien représentant du peuple aux assemblées républicaines.

Quant aux autres, le 23 mars, on leur signifia un ordre du ministre de la sûreté générale, en vertu duquel ils devaient être transportés en Afrique. Ils partirent le soir même à quatre heures en voiture cellulaire. Ils passèrent une partie de la nuit dans la gare de Châteauroux, traversèrent Paris le lendemain, et furent dirigés sur Marseille. A Valence, où ils séjournèrent quelques heures dans la gare, leur conducteur les ayant un instant laissés seuls, ils se procurèrent la satisfaction de voir leurs notes de police, et les copièrent. Les voici :

Tuilier. Homme appartenant à l'état ecclésiastique, qui a traîné sa robe dans la fange, qui a fait du journalisme, et exerce une grande influence sur les ouvriers. Très-dangereux.

Villegoureix. Républicain de père en fils; orateur de bas étage, ayant une grande prépondérance sur les classes ouvrières. Très-dangereux.

Dérignac. Restaurateur, ayant prêté un local pour la lecture des journaux, faisant chez lui des réunions politiques, ayant une grande influence sur les ouvriers. Dangereux.

Briquet. Porcelainier, courtier républicain des plus ardents, ayant une grande influence sur les ouvriers. Très-dangereux.

Burguet. Docteur en médecine, homme qui a fait de la

médecine et donné des médicaments pour rien, et qui n'a pas voulu accepter le gouvernement; homme entêté et taciturne, ayant une grande influence sur les paysans. Très-dangereux.

Négrout. Cordonnier, homme qui s'est trouvé dans plusieurs réunions, ayant une grande supériorité sur ses camarades. Très-dangereux.

Ils avaient à peine achevé la lecture des pièces qui les conduisaient en Afrique, que la locomotive siffla. Ils arrivèrent le soir à Marseille, où ils furent conduits au fort Saint-Jean, et enfermés dans un cachot profond auquel on descend par dix-huit marches d'escalier, et qui est destiné à recevoir les condamnés à mort.

Ils ne tardèrent pas à être embarqués. Villegoureix, Dérignac, Burguet et Briquet arrivèrent après une pénible traversée à Alger. Ils furent conduits à la prison, où ils ne purent qu'à grand'peine et avec leur argent se procurer du pain et du vin. Enfermés dans un cachot, ils durent se coucher sur un lit de camp et s'envelopper de couvertures, qui, ayant servi à des Arabes, étaient littéralement pleines de vermine.

Enfin ils furent extraits de cet enfer, et expédiés les uns à Delhys, les autres à Mostaganem, à Saïda, à Mascara, etc., etc. Peu de temps après Négrout put revenir dans son pays, mais pour y mourir après quinze jours de séjour des suites de la dyssenterie qu'il avait contractée en Afrique.

Leur crime ? nous le demandons, quel est le tribunal humain qui, sur les notes de police reproduites plus haut, les eût condamnés ?

CHAPITRE IX.

EMPRISONNEMENTS ET TRANSPORTATIONS DANS LES DÉPARTEMENTS DU MIDI.

Basses-Alpes, Hautes-Alpes, Aude, Aveyron, Bouches-du-Rhône, Drôme, Gard, Haute-Garonne, Gers, Gironde, Hérault, Isère, Lot, Lot-et-Garonne, Pyrénées-Orientales, Tarn, Tarn-et-Garonne, Var, Vaucluse.

BASSES-ALPES.

Voici les noms de quatre des transportés des Basses-Alpes :

>   Rouvier, de Digne ;
>   Hermelin, comptable à Barcelonnette ;
>   Escoffier, horloger à Forcalquier ;
>   Quenouille, négociant.

Tous transportés en Afrique, ils furent internés, les citoyens Rouvier et Quenouille à Djidjelly ; les deux autres à Tlemcen.

HAUTES-ALPES.

Le département des Hautes-Alpes se trouvait, depuis le coup d'État, plus que beaucoup d'autres peut-être, dans un état d'affaissement politique qui faisait croire à beaucoup qu'il serait épargné. Il n'en fut malheureusement rien, et les mesures de rigueur s'y étendirent comme en beaucoup d'endroits sur des individualités complétement inoffensives.

Ce qu'il y eut de particulier dans les exécutions de 1858, c'est la persistance énergique du pouvoir à frapper partout. On a dit, nous ne pouvons pas vérifier le fait, que le général Espinasse demandait, coûte que coûte, aux préfets, au moins quatre victimes par département.

Le préfet des Hautes-Alpes, qui était alors M. Lepeintre, reçut en effet l'ordre de faire procéder à l'arrestation des citoyens dont les noms suivent :

    Vincent, restaurateur à Gap ;
    Biny, sculpteur à Gap ;
    Jean Bourneus, tailleur à Gap ;
    Vincent, cafetier à Aspres-les-Veynes.

On nous assure qu'un des gendarmes, chargés d'opérer

l'arrestation, aurait déclaré que l'ordre portait d'arrêter le nommé BARILLON à défaut de Vincent, d'Aspres.

Trois d'entre eux, Bourneus et les deux Vincent, avaient déjà, après le coup d'État de décembre, pris le chemin de l'exil ; Biny avait été interné.

Ils n'en furent pas moins une fois de plus arrachés à leur pays, à leurs familles, à leurs intérêts. Il étaient en prison lorsqu'un conseiller de préfecture vint leur lire l'ordre du général Espinasse, et précipitamment ils furent emportés vers la terre d'Afrique, au milieu de la consternation générale. L'égalité la plus complète présida à toutes ces exécutions ; ni les uns ni les autres [1], ils ne purent embrasser leurs parents, leurs amis, leurs femmes, leurs enfants, sécher leurs larmes !...

Tous les quatre rentrèrent en France. Quant à Vincent, d'Aspres, moins heureux que les autres, les souffrances accumulées que lui avait fait éprouver cette double transportation, amenèrent sa ruine d'abord, et sa folie ensuite.

1. Les exceptions sont rares, on peut le remarquer.

AUDE.

Ce département compta au moins deux victimes.

Wralger, docteur-médecin à Moux.
Bouniole, négociant à Narbonne.

Le citoyen Wralger, arrêté en février, fut conduit en voiture cellulaire à Marseille. Il sortit du fort Saint-Nicolas pour être embarqué en Afrique le 27 mars. Il fit la traversée avec les transportés de la Meurthe et du Haut-Rhin.

Il fut interné à La Calle. Quelque temps après, il fut gracié pour avoir pris une part considérable au sauvetage du *Baberach*. Nous devons dire à ce propos, que les transportés de La Calle n'eurent pas à se plaindre de l'autorité militaire qui les entoura d'une véritable bienveillance, au point qu'en quittant La Calle le docteur Wralger et quelques autres de ses coreligionaires politiques allèrent offrir à l'autorité leur témoignage de gratitude. Honneur encore à ceux qui surent en ces temps si durs compatir au malheur!

Le citoyen Bouniole fut interné à Delhys, en compagnie d'un certain nombre de transportés parisiens, entre autres les citoyens Voignier, Ansard, Roger, Chaussade, etc.

AVEYRON.

Le préfet de l'Aveyron, en 1858, était M. Baragnon.
Les victimes sont :

> Edouard Fraissines, ingénieur des mines à Villefranche.
> Rozié, expert à Villefranche.
> Dellac, chiffonnier à Sainte-Affrique.
> Pornette, dit Longeau, de Sainte-Affrique.
> François Bonald, de Sainte-Eulalie, employé.
> Roques, manœuvre au Gua.

Le citoyen Fraissines avait déjà subi une transportation en Algérie, lors du coup d'État, il est rentré en France après l'amnistie, il est mort en 1868 : c'était un noble cœur.

Le citoyen Rozié avait également été frappé, en 1852 ; transporté en Afrique en 1858, il revint dans son pays après l'amnistie ; mais il avait perdu sa clientèle, il végéta pendant quelque temps et mourut presque de misère.

Le citoyen DELLAC fut arrêté dans les mêmes circonstances, transporté en Afrique et interné à Bougie.

Il en est de même du citoyen PORNETTE qui fut interné aussi à Bougie.

Le citoyen BONALD, qui en 1851 avait été transporté sans qu'il ait jamais pu savoir pourquoi, était, avant son arrestation en 1858, employé à la bascule de Decazeville. La gendarmerie se présenta le 26 fevrier porteur de la pièce suivante :

CABINET DU PRÉFET.

Rodez, le 25 février 1858.

« Au nom de l'Empereur,

« Nous requérons M. le commandant de la gendarmerie de faire arrêter et conduire dans la prison d'Espalion le sieur Bonald, François, de Sainte-Eulalie, ex-employé à la bascule de Decazeville, pour être mis à notre disposition.

« Le préfet de l'Aveyron,

« *Signé :* BARAGNON. »

Il fut donc conduit à la prison d'Espalion, où il resta d'abord dix-huit jours sans être interrogé. Au bout de ce temps il reçut la visite d'un juge d'instruction, et le surlendemain, il fut conduit à Rodez. Là, il fut mis en présence de plusieurs personnes qui, s'étant trouvées dans une voiture publique, avaient entendu *un monsieur* déblatérer contre l'Empereur. Elles reconnurent que *ce monsieur* n'était pas le citoyen Bonald. Enfin quelques autres personnes vinrent déclarer que lui, Bonald, avait injurié l'Empereur et l'archevêque de Paris ; qu'il avait accusé le chef de l'État d'avoir envoyé les troupes françaises en Crimée pour les y faire périr, qu'enfin, il n'allait pas à la messe, et il fut traduit en police correctionnelle et condamné à six mois de prison.

Il en fut de même du citoyen Roques.

Tous deux cependant pensaient qu'au bout de six mois ils seraient libres. Pas du tout. La veille de l'expiration de leur peine, on les fit lever sur le coup de minuit et on les expédia en voiture cellulaire, d'abord à Montauban où ils passèrent la nuit suivante, ensuite à Marseille. Ils ignoraient complétement où on les conduisait. Ce n'est que là, qu'ayant appris que plusieurs de leurs coreligionnaires avaient été transportés en Afrique, ils commencèrent à comprendre. On les embarqua pour Philippeville, d'où on les conduisit successivement à Sétif et à Constantine, et enfin à Bordj-bou-Arréridj, un petit village de 200 habitants, où ils furent internés jusqu'à l'amnistie, époque à laquelle ils rentrèrent dans leur pays.

BOUCHES-DU-RHONE

Ce département a dû compter un grand nombre de victimes. Nous n'avons malheureusement que les noms de deux :

Meynier, docteur-médecin à Rogues.
Brémond, avocat à Aix.

Le docteur Meynier avait autrefois exercé la profession de médecin à Marseille. Plus tard, il se retira dans une propriété qu'il possédait à Rogues, sur les bords de la Durance. C'est là qu'en 1851, il fut traqué comme tous les républicains et condamné à l'internement. De retour chez lui, il ne s'occupait plus que de voir ses malades et de visiter ses terres, lorsque, le 26 février, il fut arrêté dans son domicile et emmené à la prison d'Aix, où il rencontra le citoyen Brémond. A la fin du mois de mars il fut transféré à Marseille, d'où il partit le 27 avril pour l'Afrique à destination de Djidjelly, mais il obtint, en débarquant à Philippeville, d'être interné à Bougie.

Aussitôt installé à Bougie, il voulut, sur le conseil même des autorités militaires, exercer sa profession de médecin ; mais il ne tarda pas à subir à ce propos toute espèce de tracasseries. Le maire de Bougie commença par exiger de lui la production de son diplôme ; puis le diplôme une fois exhibé, il émit la prétention, avant de passer outre, de l'obliger à faire viser son diplôme à l'enregistrement, au greffe du tribunal et à la sous-préfecture de Philippeville. Le docteur Meynier répondit à ce maire zélé que ces formalités, comme il pouvait s'en assurer par les mentions en marge, avaient été remplies à Marseille, et que, comme le lieu de son domicile n'était pas Bougie, où il est loin d'habiter volontairement et où il n'a pas l'intention de transférer son domicile.... il n'y avait pas lieu de les renouveler.

Le maire, insistant, le docteur déclara qu'il continuerait à exercer sa profession sans s'arrêter à ses injonctions.

Mais, M. le maire, ancien militaire, habitué à voir tout le monde lui obéir passivement, et ne comprenant rien à cette résistance légale, fit signifier à un pharmacien de Bougie, défense de délivrer les médicaments prescrits par les ordonnances du docteur Meynier, les malades dussent-ils en pâtir.

Enfin le docteur continuant à visiter ses malades, le maire comprenant de moins en moins cette résistance, et rendu furieux par elle, crut faire probablement merveille en surprenant un ordre d'arrestation contre lui afin de l'obliger à l'enregistrement de « sa peau d'âne. »

Les gendarmes se présentèrent en effet au domicile du

citoyen Meynier, mais celui-ci les mit au défi de faire usage de leurs armes et leur déclara en même temps qu'ils ne l'emmèneraient pas vivant. A ce moment, deux honorables habitants de Bougie qui entraient chez le docteur, obtinrent des gendarmes d'attendre, et coururent chez le commandant supérieur lui expliquer ce qui se passait et obtinrent la révocation de l'ordre d'arrestation.

Quant au courageux docteur, il continua à traiter ses malades avec l'impassibilité qui le caractérisait, à Bougie, d'abord, à Alger ensuite, où il obtint d'être interné.

Il rentra à Rogues après l'amnistie. Mais il avait contracté en Afrique une maladie grave aggravée par l'éloignement des siens, de sa femme, de ses enfants. Il languit quelques années et mourut jeune encore.

Le citoyen BRÉMOND, avocat à Aix, avait lui aussi été frappé en 1851. Le 24 février 1858, à onze heures du soir, il fut arrêté dans la rue comme il sortait du spectacle, et emprisonné. L'ordre d'arrestation était une simple note du sous-préfet. Après être resté dix jours au secret, un commissaire de police vint lui faire subir une espèce d'interrogatoire, dans lequel il crut comprendre qu'il *était accusé d'avoir passé une grande revue d'ouvriers républicains dans la grande plaine de Gardaune*, où il n'était jamais allé de sa vie et où il n'y avait jamais eu ni revue ni réunion...!

L'ordre des avocats d'Aix, plus courageux que ceux de

beaucoup d'autres villes, s'émut fort de l'attentat à la liberté individuelle commis sur l'un de ses membres et demanda une audience au sous-préfet d'Aix, M. Delmas. Celui-ci indiqua précisément l'heure des audiences de la Cour d'appel, pensant sans doute que l'ordre des avocats serait ainsi empêché de venir en corps dans ses salons. Mais, et c'est là un fait remarquable, les magistrats, qui eux-mêmes s'étaient émus de l'arrestation du citoyen BRÉMOND, suspendirent leurs audiences pour permettre au conseil d'aller porter leur réclamation à M. le sous-préfet. A la suite de cet incident, et après avoir passé près d'un mois en prison, le citoyen Brémond fut relaxé. Il sortit le jour même où le docteur Meynier fut conduit à Marseille.

DRÔME.

Il y a eu au moins dans ce département deux victimes.

Malheureusement nous n'avons pu nous procurer le nom que de l'une d'elles :

ROUX-PROTHON, voyageur de commerce à Valence.

Le citoyen ROUX-PROTHON fut, avec un autre citoyen de la Drôme, transporté en Afrique.

Nous n'avons pu retrouver ses traces, sans quoi nous aurions pu sans doute donner sur ce département des détails intéressants.

GARD.

Le préfet du Gard était M. Pougeart-Dulimbert, préfet des Pyrénées-Orientales, au 2 décembre.

Les victimes sont :

>
> MANTE, cultivateur ;
> MALIBRAND, ouvrier chapelier ;
> TOUREILLE, dit NARBONNE, de Vergèse, tailleur de pierres ;
> FAURE, dit CAMARD, commissionnaire ;
> DUCAMP, directeur de la compagnie d'assurances le *Phénix*, à Nîmes.

MANTE, MALIBRAND, TOUREILLE et FAURE, tous quatre républicains dévoués, furent arrêtés le 24 février, emprisonnés, et quelques jours après, transportés en voiture cellulaire à Marseille, et de là conduits en Afrique.

On pensait, dans le Gard, que ces mesures de rigueur étaient suffisantes, et qu'il ne serait plus fait d'autres victimes. Cependant, à la grande stupéfaction de tous, on apprit, le 21 avril suivant, c'est-à-dire près de deux mois après les premières arrestations, que le citoyen DUCAMP venait d'être également emprisonné, et emmené, la chaîne au cou, à Marseille, et de là transporté en Afrique.

Après beaucoup de peine, le citoyen Eugène DUCAMP, qui était revenu de Suisse où il s'était réfugié après le coup d'État, était parvenu à se créer à Nîmes une position brillante, et il vivait entouré de l'estime et de l'affection de tous, lorsqu'il fut brusquement arraché inopinément à sa famille, à ses affaires, et conduit en Afrique au milieu d'un convoi de voleurs qu'on transportait à la maison centrale de Lambessa.

Quelques jours après, grâce à de hautes influences, M. Duplan, maire de Nîmes, fut nommé en lieu et place de M. E. Ducamp, directeur de la compagnie d'assurances *le Phénix*. La position rapportait, bon an mal an, vingt-huit mille francs!

A la vérité, nous le reconnaissons, ce n'était pas ce qui pouvait constituer un titre au citoyen Ducamp.

HAUTE-GARONNE.

Ce département, et surtout son chef-lieu, Toulouse, a de tout temps été regardé comme le centre d'une opposition ardente, fille de ses souvenirs parlementaires, et a toujours marché à l'avant-garde de cette grande armée libérale qui s'est donné pour mission la conquête des libertés politiques, patrimoine inaliénable de la France de 1789. Il y avait donc là des citoyens à frapper; leur nombre est respectable :

MULÉ, ancien représentant du peuple ;
PÉGOT-OGIER, ancien représentant du peuple ;
ROLLAND, tailleur de pierres ;
GAILLARD, cordonnier ;
GRILLON, boucher ;
CAZALAS, chapelier ;
RIVIÈRE, cordonnier ;
VIDAL, cordonnier ;
MILHAUD, marchand d'allumettes.
GODOFFRE.

Le 25 février 1858, au matin, Toulouse apprit avec stupeur que le citoyen MULÉ, ancien représentant du peuple à l'Assemblée constituante, avait été arrêté dans la nuit. Huit citoyens honorables partageaient sa captivité. Presque tous, ils s'étaient fait remarquer par leur attitude énergique dans la période électorale de 1857, par leur passé politique, ou seulement par la notoriété de leurs opinions démocratiques :

Le citoyen ROLLAND, ancien transporté de 1851, fait

aux luttes de l'opposition depuis son jeune âge, et mêlé à tous les mouvements sous la Restauration et sous Louis-Philippe ; le citoyen GAILLARD, propagandiste zélé, actif, intelligent, frappé en 1851 par la commission mixte ; le citoyen GRILLON, caractère énergique, nature loyale et généreuse ; le citoyen CAZALAS, homme honnête, cruellement éprouvé par les luttes politiques, dans sa personne, dans ses biens, dans sa santé ; le citoyen RIVIÈRE, travailleur émérite, homme d'action ; le citoyen VIDAL, modeste et probe ; le citoyen MILHAUD, aux trois quarts aveugle, et inconnu de ses codétenus au moment de son arrestation ; le citoyen GODOFFRE.......

Les citoyens ainsi mis en état d'arrestation, furent écroués à la prison Saint-Michel. Ils y arrivèrent successivement, un à un, avant le jour, avant que personne pût être témoin de leur enlèvement.

Envers la plupart, on était parvenu avec plus ou moins d'habileté, à pénétrer dans leur domicile. Les arrestations s'opérèrent, nous dit celui de nos coreligionnaires qui nous fournit ces détails[1], sans violence ; quelques-unes cependant ne furent pas exemptes de brutalité, et l'on pourrait citer les noms de quelques citoyens qui, sans qu'ils eussent fait mine seulement de résister, se virent menacés des menotes. Les commissaires de police

---

1. Le citoyen Antonin Mulé, fils de l'ancien représentant du peuple de ce nom.

n'exhibèrent pas de mandat d'amener, et montrèrent quelque embarras en déclinant la mission qu'ils étaient chargés de remplir. Il en est même qui poussèrent la naïveté jusqu'à dire à celui qu'ils arrêtaient : « Je sais bien que vous n'avez rien fait de mal, mais j'ai ordre de vous arrêter et je vous arrête. »

Dès que les portes de la prison se furent refermées sur eux, les nouveaux venus subirent un traitement indigne, qu'on réserve d'ordinaire aux voleurs de profession : on retourna leurs poches, et tous leurs vêtements devinrent l'objet d'une fouille minutieuse. Une fois visités, on les fit monter dans une chambre où se trouvaient une trentaine de lits, une obscurité complète régnait dans cette salle ; il était trois heures du matin. Les détenus se dirigèrent à tâtons dans cette vaste pièce, cherchant un lit pour se coucher. Tous les lits étaient vides à une exception près : certain personnage équivoque, allongé sur une de ces couchettes, faisait semblant de dormir ; aux interrogations pressantes dont il fut sur-le-champ accablé, il répondit évasivement en balbutiant, et quelques jours après il devait avouer que, posté là par la police, il était chargé d'enregistrer les propos que manquent rarement d'arracher aux prisonniers nouvellement incarcérés l'effroi ou l'irritation d'une captivité inattendue.

D'ailleurs, ce ne fut point là l'unique tentative d'espionnage essayée sur les détenus politiques toulousains. Dans le quartier où ils furent transférés, le lendemain même de leur incarcération, ils se trouvèrent en contact avec un habitant de la prison, lequel ne tarda pas à être reconnu par l'un d'eux ; c'était un ancien agent de police condamné à six mois de prison pour outrage aux mœurs. Cet homme, touché par les bons procédés de ses codétenus, qui partageaient avec lui les aliments envoyés par leurs familles, n'hésita pas à déclarer, au bout de quelques jours, que sa présence dans ce quartier n'avait d'autre but qu'une surveillance active à l'endroit de ses compagnons d'infortune, et qu'une diminution de peine devait être le prix de sa complaisance et de sa délation : « Mais, s'écria-t-il résolûment, sa confession achevée, je n'oserai jamais acheter ma grâce au prix d'un mensonge, car, appelé à rendre compte de ma mission, je ne pourrai que porter témoignage de votre innocence et de votre probité. »

Huit jours après leur arrestation, les détenus politiques furent mandés devant un fonctionnaire, qu'ils trouvèrent installé devant une table, dans la loge du concierge de la prison ; un commissaire de police assistait ce personnage, que chacun d'eux se hâta de qualifier de juge d'instruction et qui n'était autre, cependant, que M. de Binos, inspecteur des prisons de la Haute-Garonne. Ce fut sous le couvert de ces formes protectrices de la justice, sous la garantie de ce droit de nouvelle espèce, appliqué par un fonctionnaire de l'ordre administratif, que se déroula un interrogatoire méticuleux où chaque prévenu dut répondre à son tour à l'absurde accusation d'affiliation à une société secrète et à l'accusation plus absurde encore de complicité dans l'attentat Orsini. Inutile d'ajouter que M. de Binos et son assesseur, le commissaire de police, en furent pour leurs frais d'enquête et que cette contrefaçon d'instruction criminelle n'ayant pas obtenu le succès espéré, ne fut pas poussée plus loin.

Peu après, le citoyen Pégot-Ogier, propriétaire, ancien représentant du peuple à l'Assemblée constituante, arrêté le 25 février, sur son domaine de la Pogue, à Fonsorbes, canton de Saint-Lys, et incarcéré dans la prison de Muret, était réuni à ses amis et coreligionnaires, dans la maison d'arrêt de Toulouse.

Dans la seconde quinzaine du mois de mars, le directeur de la prison annonça aux démocrates toulousains qu'ils étaient désignés pour la transportation en Afrique ; le 21 mars, ordre leur fut signifié d'avoir à se tenir prêts à partir.

Les parents, les amis des proscrits accoururent en toute hâte à la nouvelle de cette condamnation sans jugement. Ce furent des scènes déchirantes, qui remplirent la prison de gémissements et de sanglots ; l'émotion avait gagné jusqu'aux geôliers eux-mêmes, si blasés qu'ils soient sur le spectacle des douleurs humaines. Ce qui poignait le cœur des proscrits, c'était bien moins la perspective des épreuves personnelles qui les attendait sur la terre d'exil que le tableau du désespoir et de la misère qu'ils laissaient derrière eux ; presque tous, en effet, étaient des ouvriers vivant au jour le jour ; eux partis, leurs femmes, leurs enfants, qu'allaient-ils devenir? Peu ou point de ressources à la maison, dont ils étaient le gagne-pain !

Le déchirement de la séparation et des adieux se compliqua tout à coup d'un incident qui menaça de prendre de très-graves proportions. On vint annoncer aux républicains toulousains qu'ils allaient faire le voyage en voiture cellulaire. Cette idée de prendre place dans l'ignoble véhicule qui sert au transport des forçats leur fit monter le rouge au front, et révolta leur conscience d'hommes d'honneur. Dans un éclat de commune indignation ils se promirent de résister par la force au traitement ignominieux qu'on ne craignait pas de leur infliger, et il ne fallut rien moins que les supplications ardentes de leurs familles, affolées de terreur à l'idée du danger qui les menacerait dans leur rébellion contre les agents de la sûreté publique, pour se laisser imposer une humiliation contre laquelle protestait avec eux l'opinion publique tout entière.

Ce fut dans la nuit du 22 mars, et à deux heures du matin, que les proscrits de Toulouse prirent place, au nombre de dix, dans les voitures cellulaires. Les abords de la prison Saint-Michel étaient gardés par des détachements d'infanterie : les ténèbres et le silence de la nuit furent les complices de cet enlèvement; les voitures cellulaires, huchées sur des wagons plats, prirent la route de Marseille.

Dans le cours de ce triste voyage, l'impéritie et l'imprévoyance des agents de l'autorité faillit provoquer une catastrophe. Cela se passait dans la gare de Cette, au moment du changement de ligne, qui s'opère en cet endroit. Les wagons qui portaient les voitures cellulaires, n'avaient pas été garés et se trouvaient sur la voie, exposés au choc des trains en marche. Heureusement, un chef d'équipe, homme de cœur et de résolution, s'aperçut à temps du danger couru par les transportés; mû par un sentiment d'humanité qui est l'honneur des honnêtes gens dans toutes les conditions, il devança l'heure de sa besogne accoutumée et à deux heures du matin, requérant quelques hommes de bonne volonté, il travailla de pic et de levier à transborder les voitures cellulaires de la ligne du Midi sur celle de la Méditerranée. Au moment où ce transbordement venait de s'accomplir, le train de Marseille s'élançait à toute vapeur sur la voie ferrée!

Le 24 mars, à une heure après midi, le train arriva à Marseille et s'arrêta au bas du fort Saint-Nicolas. Le voyage avait duré quarante-huit heures! Quand il fallut descendre, le citoyen PÉGOT-OGIER, sexagénaire d'une haute stature et d'une forte corpulence, ne put parvenir à se mouvoir, ses jambes étaient enflées et on dut le porter à bras jusqu'à destination. Le citoyen MULÉ, la vue obscurcie, le cerveau congestionné, ne pouvait parvenir à mettre un pied devant l'autre ; ses jambes, s'étant brusquement dérobées sous son corps, il se laissa choir du haut de la voiture cellulaire, et sans le citoyen GAILLARD, qui le reçut dans ses bras, il se brisait le crâne contre les pierres de la route.

Au fort Saint-Nicolas, les démocrates de Toulouse trouvèrent nombreuse compagnie : c'étaient leurs compagnons d'infortune, venus de tous les coins de la France.

Le lendemain de son arrivée au fort Saint-Nicolas, le citoyen Pégot-Ogièr recevait la nouvelle qu'il était libre. Il embrassa ses amis et retourna immédiatement chez lui.

Le 27 mars, les citoyens Mulé, Gaillard, Grillon, Godoffre et Cazalas s'embarquèrent sur le paquebot des messageries impériales *l'Oisif*, qui faisait le service de Marseille à Tunis. Ces cinq citoyens furent internés dans la province de Constantine. Les citoyens Rivière, Roland, Vidal et Milhau, furent dirigés sur la province d'Oran et celle d'Alger.

De longs mois après, tous ces courageux et énergiques citoyens sont rentrés dans leurs familles, après avoir subi les douleurs et les tristesses de l'exil. Plus d'un a trouvé à son retour l'infortune et le deuil installés sous son toit : la lutte de la vie est pleine d'amertume, et le chemin que traverse l'homme politique est semé de ronces et d'épines. Le citoyen MULÉ, qui espérait retrouver à son foyer sa courageuse compagne des bons et des mauvais jours, n'a plus trouvé qu'une place vide ; sa femme était morte treize jours avant son retour.

Deux n'ont pas revu le ciel de leur pays natal : Milhau, encore aujourd'hui exilé volontaire, et Rivière, que la mort a fauché avant l'heure.

L'Afrique a gardé la dépouille de Rivière ; ses amis conservent au fond du cœur le souvenir de ce travailleur modeste et laborieux, soldat intrépide du devoir, martyr obscur de la plus noble et de la plus sainte des causes.

GERS.

Le préfet du Gers en 1858 était M. Féart. Huit citoyens de ce département furent transportés.

Voici leurs noms, sauf celui d'un seul que nous n'avons pu retrouver.

ARRIVETZ, négociant à Auch.
LUCIEN LAMARQUE, avocat à Condom.
AYLIÈS, chapelier à Fleurance.
PUGENS, vétérinaire à Laverdens.
LABAT, négociant à Mirande.
PASCAU, avocat à Mirande.
BREUILS, propriétaire à Masseube.

Le 24 février 1858, comme partout, tant on tenait à célébrer cet anniversaire, le citoyen LAMARQUE comme tant d'autres, après le long exil qu'il eut à subir lors *du 2 décembre*, vivait paisiblement au milieu de sa famille, fort peu préoccupé des choses politiques, lorsqu'il fut violemment arraché de la maison de campagne de l'un de ses anciens amis et camarades d'exil chez lequel, depuis son enfance, il avait l'habitude d'aller fréquemment, et conduit à grand fracas à la prison de Condom. Il y fut mis au secret le plus absolu, et ce n'est que le huitième jour que sa famille obtint, comme une faveur insigne, l'autorisation de le voir pendant quelques instants, en présence du gardien de la prison.

Il demeura dans cette situation pendant vingt jours, ne sachant rien du dehors, ignorant les motifs et la cause de sa séquestration et sans subir d'interrogatoire, à moins qu'on nomme ainsi une visite domiciliaire faite dans ses appartements par le procureur impérial; et deux du sous-préfet de Condom, M. Jarry-Paillet, ne sortant pas d'une chambre à peine assez vaste pour contenir un lit, sans livres, sans plumes, sans encre, sans papier, sans rien pour le distraire, ne voyant que le concierge.

Aux tortures matérielles qu'il subissait, M. le sous-préfet de Condom vint y ajouter des douleurs morales. Sa conversation pleine de réticences et d'une solennité emphatique, laissait Lamarque dans la plus cruelle des incertitudes, sans compter que le peu de respect de ce fonctionnaire pour la position de Lamarque, son oubli de toutes convenances étaient faits pour le blesser profondément. On peut du reste apprécier le sens moral de ce sous-préfet par les deux circonstances suivantes : aux personnes qui lui demandaient la permission de voir Lamarque, il répondait : « Que M. Lamarque m'écrive, » et c'est lui qui avait expressément défendu qu'on donnât au prisonnier des plumes, de l'encre et du papier !... Une autre fois, après avoir demandé à Lamarque, s'il faisait partie de sociétés secrètes, et s'il savait qu'il en existât à Condom, sur sa réponse négative, il eut l'inconvenance de lui dire, ce qu'on ne dit, comme nous le fait remarquer le citoyen Lamarque lui-même, qu'à des gens de la pire espèce : qu'en se faisant dénonciateur des membres de ces sociétés secrètes dont l'existence venait de lui être niée, il amoindrirait la gravité de sa situation !...

Enfin le vingtième jour, LAMARQUE fut réveillé en sursaut à dix ou onze heures du soir, et enlevé de sa prison de Condom, sans savoir où on le conduisait, sans avoir pu obtenir d'aller embrasser sa famille, sans argent, sans autre vêtement que ceux qui le couvraient, et ce n'est qu'après être sorti de la ville qu'il vit qu'on le dirigeait sur Lectoure où il arriva entre une et deux heures du matin. Il fut conduit à la maison d'arrêt, et instantanément enfermé dans un cachot humide où ne se trouvaient qu'une paillasse immonde et un baquet infect. Il demeura debout jusqu'à dix heures du matin, heure à laquelle

M. Lacoste, sous-préfet à Lectoure, vint lui signifier son internement en Algérie.

Lamarque trouva dans la prison de Lectoure Ayliès de Fleurance, et ils attendirent ensemble quatre ou cinq jours l'arrivée de la voiture cellulaire. Ce délai, dû à un accident arrivé à cette voiture, leur permit de faire savoir à leurs familles, plongées dans la plus affreuse désolation, où ils étaient. Par un raffinement de rigueur vraiment inexplicable, on les avait tenues à leur égard dans un état d'ignorance complète.

Le lendemain de l'enlèvement clandestin de Lamarque de la prison de Condom, lorsque sa domestique se présenta, selon son habitude, au guichet pour lui apporter à déjeuner, le concierge lui répondit : « que c'était inutile, que, dorénavant, c'était lui qui se chargerait de nourrir son maître ; et que la famille de celui-ci ne pourrait plus le voir, que du reste on fût sans inquiétude, qu'il se portait bien. »

Sans l'accident arrivé à la voiture cellulaire, Lamarque était expédié en Afrique sans argent, sans vêtements, sans linges de corps, et sans que sa famille sût ce qu'il était devenu.

Enfin la voiture cellulaire arriva, Ayliès et lui, y furent immédiatement *encellulés*. En passant dans le couloir ils avaient pu serrer les mains de leurs compagnons Arrivetz, Pugens et Labat.

Ils restèrent cinquante-quatre heures dans ces affreuses cellules, et encore durent-ils à la bienveillance de leur conducteur de n'y pas rester vingt-quatre heures de plus ; car celui-ci avait ordre d'aller compléter son chargement à Perpignan. Ils obtinrent de lui qu'au lieu de les conduire de Narbonne à Perpignan, et de les ramener de Perpignan à Narbonne, il les laissât à la prison de cette dernière ville où ils purent reposer leurs membres endoloris, couchés pêle-mêle avec des repris de justice. Enfin ils arrivèrent au fort Saint-Nicolas à Marseille, où ils furent incarcérés.

Le jour, ils étaient entassés dans des cours étroites, et la nuit dans des casemates infectes et humides. La nourriture, et quelle nourriture ! leur était apportée pour *dix* dans des baquets comme à des chiens. Leur situation au fort Saint-Nicolas était tellement intolérable qu'ils aspiraient tous à partir, bien qu'ils ignorassent le traitement qui leur serait infligé en Algérie, et que s'ils jugeaient l'avenir par le présent, ils ne dussent pas avoir grand espoir.

Les départs avaient lieu, comme on sait, par escouades de cinquante à soixante, tantôt pour une province, tantôt pour une autre. Afin que l'absence de la patrie et de la famille fût plus douloureuse, les transportés de chaque département étaient divisés entre les trois provinces. ARRIVETZ, AYLIÈS et LABAT partirent les premiers pour la province d'Alger ; puis PUGENS et LAMARQUE pour la province d'Oran.

Débarqués à Mers-el-Kébir, ils furent casernés aux *Barraques*, où de là ils furent dirigés, Pugens et Lamarque du moins sur Tlemcen.

Un fait qui mérite d'être signalé se passa dans la transportation d'AYLIÈS : Il était interné à Medéah. Ayant obtenu en septembre 1858 d'aller habiter Alger, il dut se munir d'un passe-port. Sa surprise fut grande lorsqu'il lut sur ce passe-port que pendant tout le temps de son séjour à Médéah il avait reçu des subsides en argent, vivres et vêtements : il n'avait rien reçu du tout !

Le citoyen Ayliès est mort en Algérie.

C'est là qu'ils vécurent jusqu'à l'amnistie sous la loi militaire, loin de leur famille, sous un climat insalubre, au milieu de préoccupations constantes et avec le regret d'avoir perdu leur patrie.

Après leur départ, la justice gouvernementale ne se trouvant pas encore satisfaite, les citoyens Pascau, Breuils, et un ouvrier d'Auch furent arrêtés et également transportés en Afrique.

GIRONDE.

Le préfet de ce département était, en 1858, M***.

Il y eut quatre victimes :

Sansas, avocat à Bordeaux.

Bellot des Minières, ancien magistrat, avocat à Bordeaux.

Kosinski, docteur-médecin à Bordeaux.

Savin, horloger à Libourne.

Le citoyen Sansas était un avocat estimé de Bordeaux. Arrêté le 24 février 1858, sur la place publique, au sortir de l'audience, il fut conduit en prison et expédié à Marseille, et de là en Afrique avec tant de rapidité, qu'il fut obligé de recourir à l'obligeance de ses confrères de Marseille pour se procurer quelque argent.

Le citoyen Bellot des Minières était un vieillard, qui autrefois avait exercé des fonctions élevées de l'ordre judiciaire ; il avait donné sa démission au 2 décembre. Il était l'oncle de l'un des vicaires généraux de l'archevêque de Bordeaux. Il resta en prison un mois environ, et fut ensuite relâché.

Telle était la terreur qui régnait alors en France, que l'ordre des avocats de Bordeaux crut dangereux pour lui de s'occuper du sort de deux de ses membres, qui depuis longtemps avaient mérité son estime et sa considération.

Le docteur Kosinscki ne fut arrêté qu'en février 1859, et transporté en Algérie.

Nous n'avons pu nous procurer de renseignements sur les circonstances de l'arrestation et de la transportation du citoyen Savin !

HÉRAULT.

Le département de l'Hérault avait été rudement frappé au coup d'État. Veut-on en avoir la preuve? Voici un extrait du procès-verbal de clôture de la Commission mixte :

« Extrait du procès-verbal de clôture des opérations de la Commission mixte du département de l'Hérault.

« Présents : Rostolan, général de division, Durand Saint-Amand, préfet; Dufour, premier avocat général en l'absence de M. le procureur général Dessauret.

« La Commission....

« Vu les procès-verbaux constatant que la Commission mixte a tenu trente et une séances, aux dates des 5, 6, 7, 10, 12, 13, 14, 17, 19, 20, 24, 25, 27, 28 février; 1er, 5, 8, 10, 12, 15, 19, 22, 26, 28, 30 mars; 1er, 2, 3, 5, 7 et 10 avril.

« Vu les décisions par elle rendues jusqu'à ce jour, et qui se divisent ainsi :

1° Transportation à Cayenne. 10
2°   —   en Algérie. 798

A reporter. 808

Report............	808
3° — —	776
4° Renvois devant les conseils de guerre.....	97
5° Expulsion du territoire français.........	37
6° Éloignement momentané.............	9
7° Internements..................	42
8° Mises en liberté pures et simples.......	55
9° — sous la surveillance de la haute police...................	327
10° Renvois en police correctionnelle.......	15
Total..........	2166

« Auquel nombre il faut ajouter 360 mises en liberté pures et simples prononcées, savoir :

Par le général de division........... 316 ⎫
Par le préfet................... 44 ⎬ 360
⎭

« Ce qui élève le nombre total des décisions à. . 3023

« Attendu que ses travaux sont terminés, déclarons que la Commission mixte de l'Hérault est dissoute et qu'elle cesse ses fonctions à partir de ce jour.

« Montpellier, le 10 avril 1852.

« *Les trois membres de la Commission,*

Signé : Rostolan.
Durand Saint-Amand.
Dufour. »

Si l'on considère, nous fait remarquer un de nos amis, que chaque séance de la Commission a duré environ cinq heures, on peut retenir que chaque décision de la Commission mixte lui a coûté trois minutes de délibération !

Évidemment un tel département ne pouvait être épargné en 1858. Le prefet était M. Gavini.

Voici les noms de quelques-unes des victimes, car nous savons qu'il y en a eu d'autres !

> François Hasbon, boucher à Montpellier.
> Dupy, cordonnier à Montpellier.
> Baudoman, id. à Béziers.
> Vapsas, boucher à Béziers.
> Salabert, boulanger.

Ces citoyens, arrêtés dans la nuit du 24 février, furent emprisonnés d'abord, puis conduits en voiture cellulaire à Marseille. Nous devons faire ici cette remarque générale : c'est que le détail qui est resté le plus profondément gravé dans le souvenir de tous les transportés est précisément ce voyage en voiture cellulaire du chef-lieu de leur département à Marseille. On le reconnaît facilement à l'émotion avec laquelle ils en parlent encore dix ans après.

Nos coreligionnaires de l'Hérault furent enfermés à Marseille au fort Saint-Nicolas, et quelques jours après partirent pour l'Algérie. HASBON fut interné à Guelma; BAUDOMAN à Cherchell; SALABERT à Tlemcen; les autres ailleurs.

A la même époque, à Montpellier, un jeune homme, chez lequel on avait trouvé quelques caractères d'imprimerie, et à qui l'on faisait pour cela un procès, se laissa aller un jour à dire, en parlant d'Orsini et de ses compagnons : « Ils auraient dû réussir ! » Il fut immédiatement arrêté, subit trois mois de prison préventive, et fut condamné à trois autres mois par le tribunal correctionnel.

ISÈRE.

Le préfet de ce département, en 1858, était M. Leprevost de Launay.

Il y eut, croyons-nous, dans l'Isère quatre victimes. Nous n'avons pu nous procurer les noms que de deux d'entre eux :

RIVIÈRE, banquier à Bourgoin.
PICHAT, propriétaire cultivateur au Pont-de-Beauvoisin.

Le citoyen RIVIÈRE fut enlevé dans son lit pendant la

nuit. On ne lui permit même pas de faire des préparatifs de départ. Il fut amené dans la maison d'arrêt de Vienne, puis conduit à Marseille et de là transporté en Afrique.

Le citoyen PICHAT fut arrêté au milieu des champs, alors qu'il était occupé à y travailler.— Il subit le même sort que le citoyen Rivière.

Outre ces quatre arrestations dont nous parlons, il devait, paraît-il, y en avoir beaucoup d'autres. A Vienne notamment, le bruit courait que le sous-préfet avait reçu l'ordre de faire arrêter le citoyen BRILLIER, ancien représentant du peuple, mais il craignit l'impression que ne manquerait pas de causer l'arrestation d'un homme aussi universellement estimé dans le pays et bien connu pour son courage et son dévouement à la cause républicaine. On sait que Brillier était aux côtés du représentant Baudin sur la barricade du faubourg Antoine lorsque celui-ci fut tué dans la journée du 3 décembre 1851.

LOT.

Ce département compte quatre victimes.

MOHICIÉ.
LARROQUE, vétérinaire.

Clary, instituteur à Saint-Martin.
Julien Bailly, horloger à Figeac.

Le citoyen Mohicié, arrêté en février 1858, fut relâché après avoir subi un mois de prison.

Quant aux trois autres, les citoyens Larroque, Clary, Julien Bailly, arrêtés à la même époque, ils partirent le 25 mars dans une voiture cellulaire portant le n° 4. Ils faisaient partie de ce convoi qui emmenait les transportés du Tarn-et-Garonne et du Tarn[1].

Les citoyens Larroque, Clary et Bailly furent internés à Tlemcen. Nous extrayons d'une lettre que le dernier écrivait le 7 janvier 1859 à un de ses amis le passage suivant :

« Que vous êtes heureux, mon cher ami, d'avoir quitté ce maudit *méchouar*, dont on a fait un réceptacle pour les bandits et les vagabonds dont la métropole purge ses maisons centrales !

« Depuis le départ de notre brave ami Escoffier (de Fouquier, Basses-Alpes), il nous en est arrivé dix-sept, tous porteurs de figures de cours d'assises ! Si vous pouviez voir ces hommes grouiller dans la cour comme des vers dans un exutoire, vous nous plaindriez, mon cher ami, d'être obligés de subir cet humiliant contact....

« Le commandant Bernard est parti pour la France....

---

1. Voir le département de Tarn-et-Garonne.

après son départ nous avons eu nos étrennes du jour de l'an : ordre à ceux qui logeaient en ville d'avoir à rentrer au *méchouar;* appel rigoureux; défense de sortir après neuf heures du soir. Cela durera-t-il?... »

Voilà à quel régime on soumettait des citoyens honorables, à qui personne dans leur pays n'avait jamais refusé de tendre la main !

LOT-ET-GARONNE.

Nous savons que dans ce département, il y eut un certain nombre de victimes, entre autres :

DAVEZAC, typographe, à Agen.
DIÉ, employé du chemin de fer à Agen.

DAVEZAC et DIÉ, transportés en Afrique, furent internés à Tlemcen.

PYRÉNÉES-ORIENTALES.

Dans ce département, on compte au moins deux transportés :

Brousse, négociant à Perpignan.
Tignières, propriétaire à Thuir.

Nous savons que le citoyen Brousse était interné à Mostaganem; et le citoyen Tignières à Ténez, renommée pour ses sardines et ses langoustes, sur lesquelles il faisait des observations intéressantes.

TARN.

Le préfet de ce département était M. Montois.

Nous croyons savoir qu'il y a eu dans le Tarn au moins quatre transportations. Nous n'avons pu, malheureusement, nous procurer des renseignements que sur quatre. Ce sont :

Aussenac, avocat à Castres.
Jean Barthès, propriétaire à Mazamet.
Froissac, fabricant de chapeaux à Albi.
Auguste Fontespierre, fabricant de briques à Albi.

Aussenac était un avocat distingué qui, après le coup d'État, avait subi une détention de plusieurs années à Belle-Isle-en-Mer. Sa peine subie, il rentra à Castres, où il reprit sa robe d'avocat et travailla beaucoup. De 1854 à 1858, il est constant qu'il ne s'occupa point de politique, qu'il évita même toutes les occasions d'en faire ou d'en parler, à ce point qu'on s'en étonnait, et qu'on remarquait beaucoup qu'un ancien républicain, comme lui, restât ainsi, au moins en apparence, complétement étranger à tout ce qui se passait.

Quelques jours après l'arrivée aux affaires du général Espinasse, ayant ouvert les fenêtres de sa chambre au point du jour, comme il avait l'habitude de le faire, il aperçut les gendarmes à la porte d'entrée de sa maison. Il comprit sans peine, pria de ne pas donner l'alarme à sa famille, descendit lui-même ouvrir et se livra à la gendarmerie.

Il fut écroué dans la prison de Castres, où il resta dix-sept jours au secret. Il fut de là transporté à la maison d'arrêt d'Albi. Puis, une voiture cellulaire vint le prendre pour le conduire à Marseille et de là en Afrique. Il fut interné à Tlemcen, où il exerce encore aujourd'hui sa profession d'avocat.

Jean Barthès était d'une honorable et nombreuse famille de Mazamet. Sa vie, depuis le coup d'État, et sa mort en 1858 ne sont qu'une longue et triste odyssée. Au 2 décembre, il avait été déporté à Cayenne. Ayant au bout de quelque temps obtenu une commutation de peine, il fut porté avec quelques-uns de ses co-détenus dans une colonie hollandaise, où on refusa de les recevoir, le gouverneur ayant déclaré au commandant du navire que, « puisque la France avait condamné ces hommes, elle devait les recevoir après leur sortie de Cayenne. » Ils furent de nouveau transportés à Cayenne, puis de là à Rochefort, et de là encore à la Nouvelle-Orléans, où on les jeta à terre sans ressources, accablés par la maladie, dévorés par la fièvre, à ce point que quatre d'entre eux étaient morts pendant la traversée. Le hasard fit que Jean Barthès, presque mort de faim, fut recueilli par un compatriote établi depuis longtemps à la Nouvelle-Orléans. Ne pouvant vivre dans ce pays fiévreux par excellence, il dut à la générosité de son hôte de pouvoir se faire transporter à Barcelone.

De Barcelone, le citoyen Barthès se rendit en Algérie, où il obtint l'autorisation de séjourner et où il s'établit bientôt avec sa famille. Au bout de quelques années, sa femme mourut, et lui-même, abîmé par le climat d'Afrique, obtint de revenir à Mazamet chez son gendre, où il arriva, environ un mois avant l'attentat Orsini, dans un état voisin de l'agonie.

Lorsqu'eut lieu l'attentat du 14 janvier, il n'était pas encore sorti de sa chambre, mais, néanmoins, une amélioration notable commençait à se faire sentir. Au mois de février, un commissaire de police vint l'arracher à son lit de douleur d'entre les bras de sa fille et de son gendre, et le conduisit à la prison de Castres, à la grande stupéfaction de tout le monde.

Personne ne pouvait soupçonner la raison de cette persécution, et nous avons sous les yeux une lettre écrite à son gendre par un habitant de Blidah, lettre timbrée de la poste, et qui montre dans quelle situation il se trouvait et de quelle cruauté on usa vis-à-vis de lui. Nous croyons devoir la citer textuellement :

« Blidah, 1ᵉʳ mars 1858.

« Monsieur,

« M. M...., ainsi que M. votre beau-frère, ont reçu vos lettres relatives à l'arrestation inattendue de votre beau-père.

« Personne ici n'a pu comprendre cette arrestation d'un moribond qui rentre en France par ordre de la Faculté, pour échapper à une mort certaine dont le climat d'Afrique le menace depuis longtemps. Cependant on a pensé que *l'absence, à l'appui du passeport délivré, du certificat des médecins, avait pu motiver cette mesure très-politique sans doute, mais à coup sûr fort inhumaine.* Je me suis donc rendu à Alger, dans les bureaux de la préfecture, où j'ai appris que ce certificat était resté pour être adressé au ministre de la guerre, parmi les pièces de comptabilité des passages ou traversées gratuitement accordés.

« On m'a conseillé enfin, et c'est ce que je viens de faire, de lever un duplicata du certificat des médecins de l'hôpital de Blidah, constatant la maladie de votre beau-père et le besoin pour lui de rentrer en France ; on m'a assuré que ce duplicata, visé à l'intendance, lèverait toutes les difficultés.

« C'est ce duplicata que je vous adresse ci-joint, pour être remis au préfet de votre département, qui le communiquera au parquet.

« Je ne sais si votre beau-père a eu le temps de vous dire combien l'Algérie reste étrangère à la politique, combien, par compensation, elle prend part aux questions d'humanité. Aussi, vous pouvez assurer le pauvre père Barthès que les mesures dont il a été l'objet à son arrivée en France lui ont attiré toutes les sympathies dans tous les lieux où il est connu, sans acception des civils, militaires ou fonctionnaires publics. Du reste, la persécution a toujours eu pour résultat d'exciter la pitié en faveur des persécutés et l'opprobre contre les persécuteurs.

« Tous les amis du papa Barthès, toutes ses connaissances, l'engagent au courage, à la patience, en lui témoignant l'espoir de son prompt rétablissement, en même temps qu'ils lui assurent leurs sentiments de bonne et cordiale amitié.

« Quant à moi, il sait à quoi s'en tenir sur mon compte....

« Recevez mes saluts empressés, « X.... »

Ce n'était pas le certificat des médecins qui manquait,

c'étaient les sentiments de l'humanité la plus vulgaire qui étaient foulés au pieds, c'était la statue de la justice qui était voilée?

De Castres, Barthès fut conduit à Alby, puis à Marseille en voiture cellulaire. C'en était trop, pour ce courageux citoyen, autrefois renommé pour son énergie. Rongé par la maladie, écrasé par les mauvais traitements, il ne put être embarqué pour l'Afrique. Il mourut à Marseille le quatrième jour de son arrivée.

Il est mort en brave, dévoré comme tant d'autres par l'amour sombre et jaloux de la république et de la liberté!

Nous savons qu'un arrêté de transportation fut aussi notifié au citoyen Puech, médecin à Alby. Mais il ne put être mis à exécution, car Puech qui, en 1852, avait été transporté en Algérie et détenu à la *Casbah* de Bône en était revenu à demi paralysé et, depuis l'état de tous ses membres.... Depuis dix-huit mois il n'était pas descendu de son lit.

Nous dira-t-on qu'il était un danger pour la France?

TARN-ET-GARONNE.

Le Préfet de Tarn-et-Garonne était M. Lorette.

Dans ce département, comme dans les autres, en général, il y eut quatre victimes :

>Henri Bayrou, vétérinaire à Castel-Sarrasin.
>Manau, de Moissac.
>Manau, avocat à Montauban.
>Bergis, ouvrier menuisier à Montauban.

I

Le citoyen Henri Bayrou était vétérinaire à Castel-Sarrasin. Dans la nuit du 23 au 24 février 1858 (la date est à peu près partout la même), une brigade de gendarmerie, conduite par le capitaine de l'arrondissement, cerna sa maison. A la pointe du jour, le maréchal des logis frappa discrètement à la porte de service, le vétérinaire croyant qu'on le demandait pour une visite, va ouvrir pour répondre à ce client un peu matinal, il trouve un mandat d'amener et sans plus de façon est conduit en prison au grand étonnement de la ville tout entière.

Après avoir subi vingt-deux jours du *secret* le plus rigoureux, il fut conduit à Montauban. Dans le trajet, on voulut lui mettre les menottes, mais il résista si énergiquement qu'on n'insista pas. Un gendarme se contenta de lui passer au poignet la dragonne de son sabre.

Au chemin de fer, il trouva le citoyen Manau de Moissac, et tous deux escortés de quatre gendarmes arrivèrent ainsi à la gare de Montauban où ils trouvèrent encore force gendarmes et force agents de police.

II

En prison, ils rencontrèrent le citoyen Manau, un des avocats distingués des barreaux du Midi, ancien secrétaire de Ledru-Rollin, et le citoyen Bergis, brave ouvrier menuisier, qui tous deux avaient été également arrêtés à Montauban.

Le 18 mars, ils furent, tous les quatre, descendus à la geôle, où on leur notifia la pièce suivante :

Préfecture de Tarn-et-Garonne.

« Au nom de S. M. l'Empereur.

« Le Ministre secrétaire d'État au département de l'intérieur et de la sûreté générale.

« Vu l'art 7 de la loi du 27 février 1858, ainsi conçu :

« Peut être interné dans un des départements de l'empire ou en Algérie, ou expulsé du territoire, tout individu qui a été soit condamné, soit interné, expulsé ou transporté par une mesure de sûreté générale à l'occasion des événements de mai et juin 1848, de juin 1849 ou de décembre 1851, et que *des faits graves signaleraient de nouveau comme dangereux pour la sécurité publique.* »

Vu l'article 9 de la même loi, ainsi conçu : « Tout individu interné en Algérie ou expulsé du territoire, qui rentre en France sans autorisation, peut être placé dans une colonie pénitentiaire, soit en Algérie, soit dans tout autre possession française. »

Vu la décision de la commission mixte, instituée dans le département de Tarn-et-Garonne, en exécution de l'instruction ministérielle du 18 janvier 1852, en vertu de laquelle le sieur Bayrou[1] (Henri), vétérinaire à Castel-Sarrasin, avait été soumis par mesure de sûreté générale, à l'occasion des événements de décembre 1851, à l'internement;

Vu l'avis du préfet de Tarn-et-Garonne, du général qui y commande, et du procureur général;

Considérant que *des faits graves*[2] *signalent de nouveau l'individu ci-dessus désigné comme dangereux pour la sûreté publique*;

---

1. Chaque pièce notifiée contenait un nom différent.
2. Nous mettons au défi qu'on en cite un seul !

Arrête :

Le sieur Bayrou, Henri, vétérinaire à Castel-Sarrasin, sera interné en Algérie.

Fait à Paris, le 15 mars 1858.

Signé ESPINASSE.

Pour ampliation,

Le chef de division :

Signé DESMAZE.

Pour copie conforme,

Le Préfet,

Signé LORETTE.

Pour expédition conforme et signification au sieur Bayrou (Henri), vétérinaire.

Mantauban, 18 mars 1858.

Le commissaire central,

Signé SABRESTE.

III

Les quatre détenus devaient être transportés à destination par la voiture cellulaire n° 4. Celle-ci, en effet, arriva le 26 mars à Montauban, apportant de Cahors les citoyens Larroque, Clary et Bailly.

Mais, dans la journée, arriva de Paris l'ordre de relaxer les citoyens Manau et Bayrou. La voiture qui était allée prendre ceux du Tarn, et qui devait partir chargée des douze victimes des trois départements (Lot, Tarn-et-Garonne et Tarn), ne partit qu'avec neuf, trois ayant été relaxés.

Le citoyen Manau, qui était alors avocat à Montauban et qui est aujourd'hui un des membres éminents du barreau de Toulouse, n'eut pas besoin de la transportation pour être frappé aussi durement que ses compagnons. Sa jeune fille, âgée de quinze ans, en voyant arriver à Montauban la voiture cellulaire qui devait emmener son père en Afrique, fut frappée d'un coup de sang, et cette malheureuse enfant est restée estropiée pour sa vie; elle peut à peine marcher. Quant à sa mère, Mme Manau, qui était gravement malade lors de l'arrestation de son mari, elle quitta son lit pour se rendre à Paris où elle obtint, après des démarches surhumaines, l'ordre de faire relâcher celui-ci, ordre qui n'arriva qu'au dernier moment. Mais sa santé ne se releva pas de ce terrible coup, et elle mourut peu de temps après.

A ces courageux citoyens, quel fut aussi leur crime? L'amour de la justice.

VAR.

Le Préfet du Var, était en 1858, M. Mercier-Lacombe.
Parmi les victimes de ce département, nous avons les noms suivants :

Ovide Lavagne, maître menuisier, à Grasse.
Martre, ancien greffier de justice de paix, à Brignolles.
Bouchard, ancien huissier à Brignolles.
Pierre Clément, propriétaire à Draguignan.
Gustave Pellicot, avocat à Draguignan.

Le citoyen Ovide Lavagne, condamné en 1852 à la transportation, avait pu gagner les États sardes, et était encore à Nice en 1858. Cependant il allait souvent, sans être inquiété, dans l'arrondissement de Grasse, pour l'exploitation de forêts qu'il y avait achetées, de compte à demi avec le citoyen Maillan, de Vidaubon, autre condamné du coup d'État. Il était même autorisé à aller en France, lorsque ses intérêts le réclamaient.

Il fut arrêté, paraît-il, aux lieu et place de son associé,

Mais il ne fut pas pour cela relâché, et il dut partir pour l'Afrique.

Le citoyen MARTRE qui, en 1852, avait été révoqué de ses fonctions de greffier du juge de paix et transporté en Afrique, y fut reconduit de nouveau. Mais en rentrant en France après l'amnistie, il mourut des suites de ses chagrins, et aussi de l'influence funeste qu'avait eue sur lui le climat d'Afrique.

Le citoyen BOUCHARD avait été également révoqué de ses fonctions d'huissier en 1852, et transporté en Afrique. Il y retourna.

Le citoyen PIERRE CLÉMENT aussi, condamné à la transportation en 1852, avait pu gagner à temps les États sardes où il était resté quatre ans. De retour en 1858, il n'échappa pas cette fois, et fut contraint d'habiter l'Afrique pendant treize mois.

Le citoyen Gustave PELLICOT, condamné en 1852 à dix ans de transportation, avait été « chassé, traqué comme une bête fauve, » c'est lui qui nous l'écrit, en vue de la frontière, par deux brigades de douaniers et trente gardes nationaux, et arrêté. Heureusement qu'il put s'échapper à temps des mains de ceux qui l'avaient fait prisonnier : quelques heures plus tard, un ordre du général Vaillant ordonnait qu'il fût fusillé. En 1858, il fut arrêté, mais relaxé peu après son arrestation.

A la même époque, le citoyen CHARLES DELESCLUZE, qui *était enfermé* dans la prison de Corte (Corse), en fut extrait le 28 février, conduit à Toulon, et de là, quelques jours après, transporté à Cayenne [1].

VAUCLUSE.

Ce département compte au moins deux transportés :

BARRÈRE,
BARILLON.

Le premier est le petit-fils du conventionnel Barrère; le second est chevalier de la Légion d'honneur. Tous deux, ils subirent le sort des transportés du Rhône et furent internés à Souk-Harras.

---

1. Voir le livre de Charles Delescluze *De Paris à Cayenne,* dont la première partie a paru en feuilleton dans le *Réveil*.

CONCLUSION.

I

Les voilà, ces hommes, chassés de leur patrie, arrachés à leur famille, à leurs amis, jetés dans les cachots et transportés en Afrique!

Qui sont-ils? Nous ne craignons pas de le dire : ils sont tous d'honnêtes gens, contre lesquels nous défions qu'on relève le moindre délit! médecins, avocats, officiers ministériels, négociants, artisans, ils se livraient péniblement à leurs travaux, attendant du temps, et du temps seul, la réalisation de leurs espérances! Ils ne s'occupaient plus de politique : qui donc s'en occupait depuis 1852! Ils descendaient, non pas gaiement, comme on le leur conseillait, le fleuve de la vie, mais laissant à d'autres le souci des affaires publiques! ils regrettaient le passé, et ils s'en font gloire, mais en silence!

Les uns étaient couchés, moribonds, sur leur lit de douleur ; les autres vivaient retirés au fond de leurs montagnes, évitant avec soin jusqu'au mot qui pouvait donner prise au gendarme. Ceux-ci revenaient, depuis quelques mois à peine, d'exil, de Cayenne ou de Lambessa ; ceux-là étaient morts depuis des années!

Une nuit, entre minuit et deux heures, à peu près partout, le jour anniversaire de la révolution de février, on va frapper à la porte des vivants et jusqu'aux tombeaux des morts! « Qui va là? — La police. — Que me veut-elle? — Tu es républicain? — Il ne m'est pas permis de le dire. — Tu l'es, tu as défendu la république en 1848, la constitution et la loi, en 1851. Suis-moi, tu es un gibier de prison, un pensionnaire désigné de Cayenne ou de Lambessa! Viens, et suis nous, la chaîne au cou et les menottes aux mains! Tu es malade? tu vas mourir ? En voiture cellulaire, c'est bien bon pour un républicain! — Mais pourquoi? — L'Italien Orsini a tiré sur l'Empereur. »

« Et toi, qui es-tu? — Vous demandez mon père? il est mort depuis deux ans. — Mon mari? il est dans une maison de fous. — Mon frère? il est aux États-Unis. — Mon autre frère? il est encore en Afrique, où vous l'avez transporté en 1852.

— Ton père est mort? ce n'est pas vrai, puisqu'il est

sur la liste. Tu soutiens toujours qu'il est mort? Viens avec nous, il nous faut quelqu'un de ce nom. »

Et ailleurs : « Et vous, madame, vous êtes la femme d'un républicain, vous êtes républicaine vous-même; votre mari revient de Cayenne? Allons, laissez-là votre mari, vos enfants, vos affections, votre ménage, vos occupations; suivez-nous au cachot et en Afrique. »

Et ailleurs encore : « Qui es-tu, toi ? — Moi? que me voulez-vous ? » Et la fille, aux gendarmes : « Que voulez-vous à mon père ? — Retirez-vous ; nous l'emmenons en prison. » Et l'enfant et la femme tombent étendues sans vie sur le parquet.

Et ce colloque se continue, se prolonge, s'étend pendant des mois, et dans tous les coins de la France, entre les gendarmes et près de deux mille citoyens français!

II

Et que peut-on faire, en prison, de cette masse d'hommes, à qui on n'a rien à reprocher, qu'on ne parviendrait pas à faire condamner à la plus légère amende par le tribunal le plus rigide ?

Comment les condamner? où trouverait-on des juges? En 1851, il y avait bien des *commissions mixtes*, mais peut-on, alors que le pays est dans le calme le plus complet, alors que personne, quoi qu'on en dise, ne croit au danger dont on le dit menacé, recommencer le même système ? Est-on bien sûr, du reste, que les *magistrats* de 1851 voudraient continuer la besogne commencée à cette époque ?

Comment sortir de là ? Il faut cependant suspendre sur les têtes une terreur salutaire. La loi est déjà violée, puisque tous les citoyens, dont les prisons regorgent, ont été arbitrairement arrêtés. Il faut se tirer de là au plus tôt, il faut donner à ce qui a été fait les apparences de la légalité.

Quoi de plus simple ? Et le Corps législatif vote la loi de sûreté générale !

Mais encore, cette loi n'autorise les arrestations, les séquestrations, les transportations que dans des cas déterminés. Qui donc va l'appliquer ? Y aura-t-il des juges ? Les décisions seront-elles publiques ? Les garanties qu'on accorde aux malfaiteurs, les républicains en seront-ils entourés ? pourront-ils se défendre, se justifier, démontrer leur innocence, revendiquer leurs droits, demander l'application de la loi ? Non, non, non.

Un général ministre de l'intérieur et de la sûreté générale, qui a pour mission « de rassurer les bons et de « faire trembler les méchants », sera juge et partie ! N'est-ce pas justice ? N'a-t-il pas pour devoir de sauver l'ordre et la société ? Et quand un Italien vient jusque dans les rues de Paris faire éclater des bombes, les républicains n'en sont-ils pas responsables ? Allez, allez, vous n'êtes que l'écume de la société, M. de Morny vous l'à dit; avez-vous dès lors le droit de vous plaindre d'être frappés injustement? Cachez vos figures pâles, elles sont un danger pour la France!

La loi de sûreté générale, que nous avons citée textuellement plus haut, autorisait, par son article septième, le gouvernement impérial à « interner, dans un des départements de l'Empire ou en Algérie, ou à expulser du territoire français, tout individu qui a été soit condamné, soit interné, expulsé ou transporté, par mesure de sûreté générale, à l'occasion des événements de mai et juin 1848, de juin 1849 et de décembre 1851, *et que des faits graves signalent de nouveau comme dangereux pour la sûreté publique.* »

Eh bien ! les récits qui précèdent nous y autorisent, nous mettons encore au défi qu'on nous cite un seul des citoyens arrêtés et transportés que DES FAITS, NOUS NE DISONS PAS MÊME GRAVES, MAIS AYANT L'APPARENCE DE VÉRITÉ, AIENT SIGNALÉ DE NOUVEAU COMME DANGEREUX POUR LA SURETÉ PUBLIQUE !

C'est qu'en effet, et nous avons insisté sur ce point dans tout le cours de ce travail, rien, absolument rien ne peut, non-seulement faire croire à leur culpabilité, à leur complicité même morale, mais encore à leur danger. Oui, tous, tous sans exception, ils étaient parfaitement inoffensifs, et on n'avait pas même, pour les arrêter, le prétexte d'un trouble quelconque dans le pays!

Et est-ce que nous exagérons? A-t-on seulement pris des renseignements? S'est-on seulement demandé si les faits *nouveaux* exigés par la loi, existaient? Nous avons le droit de le nier, puisqu'on lançait des mandats d'amener contre des citoyens morts depuis plusieurs années, ou ayant quitté la France, ou se trouvant dans des maisons de fous, ou étant encore en exil. Tout se réunit pour établir que les arrestations ont été faites sur des listes datant de 1851!

Voilà ce qui étonnera la postérité! voilà ce qui fera juger les proscriptions de 1858 plus sévèrement encore que celles de Marius et de Sylla, et celles même de décembre 1851 et janvier 1852.

On a appelé la loi de 1858 la loi des suspects; si nous avions un mot plus fort pour la caractériser, nous nous en servirions.

III

Nous avons dit que plus de deux mille citoyens ont été arrêtés. Il n'y avait aucune raison pour n'en pas arrêter cent mille!

Quoi qu'il en soit, sur ces deux mille citoyens arrêtés, un certain nombre furent relâchés; mais nous croyons être dans la vérité en disant qu'il y en eut plus de quatre cents, transportés en Algerie. La lettre du gouverneur général de l'Algérie, que nous avons citée au chapitre IV, porte, à la fin de mars, le nombre de ceux qui devaient avoir quitté la France au 1ᵉʳ avril, à trois cent quatre-vingts. Or, si on songe qu'à cette date les embarquements continuaient à Marseille, et que, d'autre part, les transportations continuèrent, et que quelques-unes, comme dans l'Allier, la Loire et le Puy-de-Dôme, eurent lieu jusqu'en *février* 1859, on verra que le calcul de l'une des victimes qui fait monter le chiffre à **quatre cent trente** n'a rien d'exagéré.

Ainsi, voilà quatre cent trente bons citoyens dont l'innocence est notoire, qui, brusquement enlevés, sont envoyés en Afrique, d'où beaucoup, accablés par la maladie, usés par le climat de ce pays, ne devaient pas revoir leur patrie, et d'autres qui ne devaient y revenir que pour la saluer une dernière fois et mourir des suites des souffrances, des misères et des chagrins qu'ils avaient endurés !

IV

Nous avons déjà, en parlant de la transportation de chacun, donné quelques détails sur le mode d'existence de nos malheureux amis pendant le temps de leur séjour en Afrique. Qu'on nous permette d'y revenir encore.

Comme on l'a vu, les villes d'internement étaient, dans la province d'Alger : Dellys, Cherchell, et Ténez sur la côte et Orléansville, Aumale Medeah et Boghar dans l'intérieur. Dans la province de Constantine, sur le littoral : Bougie, Djidjelly et la Calle; à l'intérieur, Guelma, Souk-Harras, Tebessa et Bordj-Bou-Areridj. Dans la province d'Oran, sur la côte, Mostaganem, et à l'intérieur Sidi-bel-Abbès, Tlemcen et Mascara.

Pour tous ceux qui connaissent l'Algérie il ne sera pas difficile de reconnaître qu'on avait choisi précisément les villes les plus insipides, quelquefois les plus malsaines et souvent des villages à peine bâtis depuis quelques mois.

Embarqués à Marseille, les républicains des mêmes départements étaient séparés avec soin, et dirigés dans des localités opposées.

Une fois parvenus à leur destination, comment vivre? Ceux sans doute qui avaient le privilége de la fortune souffraient moins que les autres, mais qu'on ne s'imagine pas qu'en internement, même avec son argent, on puisse se procurer toutes les commodités de la vie. Quant à ceux qui arrivaient en Algérie sans argent, sans vêtements, que de misère, que de souffrances ! Travailler? Le travail manque. Que faire du reste dans un village de 100 âmes, où il y a 40 ou 50 transportés? Travailler? mais ne les empêchait-on pas quelquefois de le faire, comme cela est arrivé au docteur Meynier?

On leur donnait à chacun un prêt qui variait selon les localités entre 65 centimes et 98 centimes par jour; on y ajoutait du pain, du café et du sucre. On les logeait dans d'affreuses casernes où ils étaient empilés les uns sur les autres, et ils vivaient ainsi se promenant du matin au soir et du soir au matin, dans un espace de territoire limité et qu'ils ne pouvaient franchir. Ici chaque matin et chaque soir, là chaque jour, ailleurs une, deux ou trois fois par semaine, obligés de répondre à l'appel sur le préau, et tout cela sous peine de la prison ! Heureux quand on ne leur retranchait pas leurs subsides comme cela arriva une fois au citoyen Joseph Faure Desplantes, d'Étagnac (Charente). Il sortait de l'hôpital de Bougie; il réclame ses subsides, il fallait bien qu'il vécut et il y avait bien droit puisque le Corps législatif venait de voter une somme de 1 200 000 francs pour faire face aux frais de la transportation. On lui oppose cependant un refus formel; il déclare alors qu'il va réclamer au prince-ministre. Il est condamné pour ce fait à huit jours de prison. Quelle existence ! Boire, manger, dormir et pleurer, et cela pendant des mois entiers dans un pays désert, sous un climat meurtrier et loin de ceux qui vous sont chers !

Et est-ce tout ? Non. On ne se contente pas de les laisser souffrir en silence, on les mélange à des repris de justice comme cela est arrivé au Méchouar, à Tlemcen, et on les injurie !

L'*Akhbar*, journal officieux d'Alger, contenait dans son numéro du 23 janvier 1859 un article dont nous extrayons les passages suivants :

« La démagogie chassée des bords de la Seine, plante résolûment son drapeau sur la rive africaine et proclame ses doctrines révolutionnaires.

. . . .

« .... Ce que nous combattons, c'est que des armes matérielles et intellectuelles soient confiées à ces déshérités de la métropole qui n'ont pas encore donné des gages de retour aux grands principes d'ordre et de liberté qui dominent aujourd'hui pour le bonheur de la France. Ce que nous combattons, c'est que l'Algérie devienne simplement l'*exutoire* politique de la France. Ce que nous réclamerons justement, c'est que les menées démagogiques réprimées sur les bords de la Seine, le soient aussi énergiquement sur la rive Africaine et que la colonie soit détournée de l'abîme de réaction où voudraient l'entraîner ces modernes convertisseurs. »

Et dans son numéro du 4 août suivant :

« Chassés de la mère patrie, les démocrates ont apporté en Algérie le foyer de leurs théories et de leurs agitations permanentes.... »

Et encore dans son numéro du 7 août, quelques jours avant l'amnistie :

« Ainsi que nous le disions le 23 janvier dernier, ces hommes qui sont un embarras pour la mère patrie, ne seront-ils pas un même embarras pour une société qui se crée, qui se fonde? Ne redoutez-vous pas leur funeste influence, surtout si vous laissez un libre cours à leur dévergondage de principes et d'idées? Vous redoutez leur contact pour les institutions fortes et libres de la métropole et vous ne craignez pas de les mettre aux prises avec un régime dans l'enfance, avec des institutions à peine élaborées !... »

Ainsi pour l'*Akhbar* et ses inspirateurs, l'Algérie était encore un trop beau séjour pour des républicains. Ils souhaitaient sans doute qu'on les envoyât périr sous les climats empestés de la Guyane !

FIN.

TABLE DES MATIÈRES.

Chap. Ier. Introduction : de 1852 à 1858...................... 1
Chap. II. L'attentat... 72
Chap. III. La loi de sûreté générale............................. 97
Chap. IV. Les transportations................................... 123
Chap. V. Emprisonnements et transportations dans les départements du Nord... 137
Chap. VI. Emprisonnements et transportations dans les départements de l'Est... 171
Chap. VII. Emprisonnements et transportations dans les départements de l'Ouest..................................... 195
Chap. VIII. Emprisonnements et transportations dans les départements du Centre....................................... 203
Chap. IX. Emprisonnements et transportations dans les départements du Midi... 267
Conclusion... 317

FIN DE LA TABLE DES MATIÈRES.

10598. — IMPRIMERIE GÉNÉRALE DE CH. LAHURE
Rue de Fleurus, 9, à Paris

www.ingramcontent.com/pod-product-compliance
Lightning Source LLC
Chambersburg PA
CBHW060630170426
43199CB00012B/1498